人民币有效汇率冲击
对宏观经济波动的影响研究

李　炳◎著

U0912539

中国金融出版社

责任编辑：黄海清　白子彤
责任校对：李俊英
责任印制：张也男

图书在版编目（CIP）数据

人民币有效汇率冲击对宏观经济波动的影响研究/李炳著．—北京：中国金融出版社，2021.9
ISBN 978－7－5220－1102－8

Ⅰ.①人…　Ⅱ.①李…　Ⅲ.①人民币汇率—影响—中国经济—宏观经济—经济波动—研究　Ⅳ.①F832.63②F123.16

中国版本图书馆 CIP 数据核字（2021）第 081546 号

人民币有效汇率冲击对宏观经济波动的影响研究
RENMINBI YOUXIAO HUILÜ CHONGJI DUI HONGGUAN JINGJI BODONG DE YINGXIANG YANJIU

出版发行　中国金融出版社
社址　北京市丰台区益泽路 2 号
市场开发部　（010）66024766，63805472，63439533（传真）
网 上 书 店　www.cfph.cn
（010）66024766，63372837（传真）
读者服务部　（010）66070833，62568380
邮编　100071
经销　新华书店
印刷　北京七彩京通数码快印有限公司
尺寸　169 毫米×239 毫米
印张　10
字数　138 千
版次　2021 年 9 月第 1 版
印次　2021 年 9 月第 1 次印刷
定价　36.00 元
ISBN 978－7－5220－1102－8
如出现印装错误本社负责调换　联系电话（010）63263947

序言

伴随着40多年的改革开放，中国已成为世界第二大经济体。同时，中国也已成为全球第一大货物贸易国和第一大出口国，2015年12月1日，国际货币基金组织宣布将人民币纳入特别提款权货币篮子，人民币从而跻身美元、欧元、日元和英镑等公认的国际储备货币的行列。2020年我国货物贸易总值居全球首位，对外出口额占全球出口总额的15.8%。无论是国际贸易货币还是国际储备货币，都需要人民币的币值能够保持稳定。然而，2008年国际金融危机之后，全球经济复苏乏力，中国同样面临经济增速放缓的压力。我国GDP增速由过去两位数的增长下滑至2015年的6.9%，国际市场上人民币贬值预期也越来越强烈。随着2015年8月11日中国人民银行对人民币汇率中间价形成机制的调整，人民币汇率在外汇市场的波动进一步加大。特别是，逆全球化和贸易保护主义再次抬头，中美经贸摩擦加剧，全球经济遭遇百年难遇新冠肺炎疫情冲击，国际金融市场持续震荡。因此，厘清人民币汇率冲击对我国主要宏观经济变量的影响机理就显得尤为重要。本书在综述国内外学者研究的基础上，通过构建动态随机一般均衡模型分析了人民币汇率冲击对我国宏观经济变量的影响机理，并得出以下主要结论：

当系统受到真实性的冲击时，世界性的正向技术冲击和国内正向技术冲击对真实汇率的影响存在差异。世界性的正向技术冲击将导致两国模型中的国家产出均出现下降，商品价格水平下降，通货膨胀率下降，利率上升等影响，但这种不良的影响是暂时的，随着新技术的推广，其溢出效应将促使整体的技术水平上升，从而使经济状态重新回到均衡点附近。国内市场出现正向的技术冲击时，将增加国内的产出，但会对国外产出产生负向冲击，同时国内商品价格水平将下降、利率也会出现下降，汇率走强，而国外市场也会出现商品价格下降，利率短期内较小浮动下降。当系统受到国外正向技术冲击时，所得出的结论与国内技术冲击的影响刚好相反。国内政府购买的正向冲击虽然对国内产出有较大的正向影响，但是将导致实际汇率的贬值，同时，对国外产出和利率水平均有较小的正向影响。但这种需求端的短期提升并未提高经济中的生产效率。

当系统受到名义性冲击时，利率冲击对实际汇率的影响要远大于名义汇率冲击对实际汇率的影响。国内利率的一个负向冲击，将导致国内产出和消费的改善，国外产出和消费的恶化。由于利率平价的存在，国外利率虽然也出现下降，但下降的幅度非常小，无法弥补本国利率下降导致的国外产出下降。名义汇率出现较大的贬值，实际汇率由于本国商品价格水平的上升而出现上升。国外利率出现负向冲击的情形与上述分析过程类似，但效果是存在差异的，这主要是由于在模型中国外商品市场价格的调整概率更高，而国内商品市场价格的调整概率较低，这种不对称性导致汇率变化对贸易商品价格变化的传导呈现出差异，价格调整概率更高的市场其产出和消费的变化更加显著。

基于上述研究结论，本书针对性地提出了政策建议：引导人民币汇率真实反映市场供求，进一步建立汇率调节国际收支平衡的市场化长效机制，促进经常项目顺差绝对规模、经常项目顺差与 GDP 之比同步降低。维护人民币汇率的市场化形成机制，防止市场汇率出现大幅波动。同时逐步完善人民币汇率形成机制与利率市场、资本项目可兑换的关系。加强人民币汇率形成机制与资源性产品价格改革和经济结构的协调。进一步发展外汇市场，推动人民币的国际使用。积极应对跨境资本流动，加强宏观审慎金融监管。

目录

引言 1

1.1 研究背景与意义

1.1.1 研究背景

随着对经济周期理论研究的不断深入，在关注实际因素对宏观经济周期波动影响的同时，金融因素对宏观经济周期波动的影响也逐渐受到研究者的重视。Prescott（1986）的研究表明，实际冲击对宏观经济波动的贡献率达到了80%以上。然而，Kollmann（2012），Claessens、Kose、Terrones（2012），Iacoviello（2013）等学者的研究表明，金融冲击对宏观经济波动的影响在逐渐上升，其影响比重已超过50%。从经济总量来讲，中国已成为世界第二大经济体。2019年中国全年进出口总额达4.6万亿美元，实际利用外资1381.3亿美元，贸易总额已连续多年排名世界第一。人民币在国际市场上的重要性正逐渐增加。根据环球银行金融电信协会2015年5月发布的报告，人民币在国际结算中的地位不断提升，已成为中国与亚洲其他国家或地区结算过程中使用最多的货币，在全球支付总额中也位于第五。

人民币汇率问题一直是世界金融界、各国央行所关注的热点问题。20世纪初期，美国一直对人民币汇率管理体制提出质疑，并从经济方面、政治方面不断对人民币升值施压。2005 年，中国对人民币汇率制度实施重大改革。自 2005 年汇率改革以来，人民币汇率的波动性逐渐加大，总体上呈现出升值的趋势。尤其在 2007 年美国爆发金融危机的前期，人民币升值速度显著加快，人民币兑美元累计升值 20% 左右。受国际金融危机影响，2009 年中国进出口贸易总额出现下滑，虽然在 2010 年之后进出口总额开始恢复增长，但增长的速度开始放缓。汇率对中国进出口贸易的影响也随之显现并不断深入。汇率波动不仅对国际贸易产生影响，同时也会对资产价格产生影响，进而对宏观经济产生深远影响。2015 年 8 月，中国人民银行对人民币汇率形成机制进行了改革，增强人民币汇率弹性。虽然短期对资产价格产生了一定影响，但是可以更好地发挥汇率在宏观经济稳定和国际收支平衡中的“自动稳定器”作用，长期来讲会对中国的经济结构调整和经济的长期增长起到一定促进作用。

受新冠肺炎疫情全球大流行影响，2020 年全球经济陷入自大萧条以来最严重衰退，中国是全球唯一实现正增长的主要经济体。为了应对疫情冲击，世界主要经济体出台了经济刺激政策，2020 年下半年部分国家或地区已经出现经济恢复势头。进入冬季后，病毒变异和气候等因素使全球遭遇新一波疫情，全球经济恢复受挫。随着全球范围内疫苗接种覆盖率持续提升，以及主要经济体将延续宽松政策，2021 年世界经济有望出现恢复性增长。但是，疫情冲击导致的各类衍生风险不容忽视，大宗商品震荡加剧，全球债务水平大幅攀升，诸多结构性体制性矛盾突出，世界经济仍然面临较强风险挑战。受国际经济形势影响，我国经济面临的外部环境不确性因素较多，国内经济结构调整和提高质量任务较重，经济复苏道路并不平坦。传统的实体经济整体走势低迷，消费恢复缓慢，投资增速面临下滑压力。但是，由于海外疫情仍然没有得到控制，生产能力尚未恢复，对生活和医药商品需求旺盛，推进我国进出口贸易节节攀升，外向型企业经营状况大为好转。中国较早从疫情中恢复，采取了较为克制的经济刺激政策，在出口份额上升与中美利差扩大等因素推动下，人民币汇率持续升值。预计疫苗接种后，全球恢复生产和再通胀将抑制中国贸易和经常项目顺差的进一步扩大，减少对人民币汇率升值的边际支持。然而，国际金融市场的不确定性和潜在的风险可能加剧动荡，人民币汇率加速波动在所难免。特别地，中美经贸关系正处于不稳定周期，世界两大经济体之间经贸摩擦势必传导至国际金融领域，国际金融市场的博弈风险加大，外汇市场可能成为主战场。人民币汇率关系到国内经济和国际经济的平衡，也关系到我们国内经济比价关系的调整，还关系到整个宏观经济的稳定。特别是在短期波动中，人民币汇率大幅升值会降低国内商品的国际竞争力，而大幅快速贬值会产生资金外逃，可能引发国际投机资金恶意做空的风险。人民币汇率冲击从不同角度、不同传导途径对宏观经济的影响值得我们深思和研究。

随着人民币开始参考一篮子货币进行调节，在分析汇率变化对宏观经济的影响时就不能够仅仅依靠人民币兑美元的汇率进行分析。有效汇率的概念逐渐受到国内学者的重视。与国际清算银行（BIS）的定义一样，有效汇率是根据某国货币由以贸易权重为基准确定的多种货币加权后所得的平均价格，能够更加综合地反映汇率的实际变化情况，对开放经济下的宏观经济分析具有更好的参考作用。由于我国对外贸易结构复杂，转口贸易量较大，在贸易权重的计算上存在较大的争议，因此，中央银行很少公布一篮子货币中不同货币的实际权重。通过对国际清算银行（BIS）公布的人民币有效汇率的变化特征进行细致研究，并分析其变化特征对宏观经济波动的影响，能够更好地对我国宏观经济运行情况进行较准确的描绘，同时也能够为我国汇率政策提供较合理的理论分析框架和政策支撑。

综上所述，厘清人民币有效汇率冲击对宏观经济波动的影响机理具有重要的理论和现实意义。

1.1.2 研究意义

汇率冲击对经济波动的影响是宏观经济研究的重要方向。在宏观经济波动的研究进程中，早期学者主要关注了实际冲击对宏观经济波动的影响。随着金融创新和信息技术的不断发展，金融因素的冲击对宏观经济的波动影响越来越大。2008 年的国际金融危机即是由于金融因素冲击对宏观经济产生的巨大负面影响。汇率作为宏观经济中一个重要的价格，在分析金融因素冲击对宏观经济的影响中处于核心地位。发达经济体主要采用浮动汇率制度，汇率冲击对宏观经济波动的研究较多。中国在改革开放之初采用的是固定汇率制度，人民币汇率主要由中央银行定期公布。该阶段汇率变化对宏观经济的影响较小。随着 2005 年汇率改革进一步深化，人民币汇率的波动逐渐增加。为了保持人民币汇率稳定，2015 年 12 月 11 日中国外汇交易中心首次发布人民币汇率指数。此后，在收盘价基础上，又进一步引入了一篮子货币以及逆周期因子。随着中国经济体量持续增大，经济开放程度和深度显著增强，对外贸易和跨境资本流动的总量不断增加，汇率波动对经济宏观稳定的影响越来越大。因此，研究汇率冲击对宏观经济波动的影响机理具有重要的理论意义。

当前，中国经济已经进入高质量发展阶段，潜在 GDP 增长率有所放缓，经济发展面临复杂的国际国内形势，经济结构调整在艰难中前行。受新冠肺炎疫情影响，市场恐慌情绪蔓延，2020 年第二季度全球市场出现流动性危机，美元飙升，人民币兑美元汇率一度贬值达到近 7. 17，但资本外流并未由于贬值而上升，资金流入反而开始提速。随着海外疫情持续恶化、国内疫情得到有效控制，2020 年下半年美元逐步走弱，中国顺差回升，海外资金持续配置境内资产，人民币兑美元汇率则不断攀升。整体来看，人民币汇率以市场供求为基础双向浮动，弹性增强，在合理均衡水平上保持基本稳定。2020 年末中国外汇交易中心（CFETS）人民币汇率指数报 94. 84，较上年末升值 3. 78%。一方面，中国人民银行不断完善人民币汇率形成机制，增强汇率弹性，加强宏观审慎管理，积极参与国际货币政策协调；另一方面，国际经济金融形势复杂严峻，境内外疫情变化和外部环境存在诸多不确定性，人民币汇率波动增加对宏观经济波动的影响也逐渐显现，保持人民币汇率在合理均衡水平上的基本稳定，对加快构建“双循环”新发展格局至关重要。那么在经典开放经济分析的理论框架上，结合中国当前宏观经济运行的实际情况，厘清人民币汇率冲击对宏观经济波动的影响过程，不仅能为中央银行制定实施货币政策提供有益的政策参考，同时也能为市场参与者提供较好的理论启示。

1.2 汇率基本概念界定

1.2.1 汇率概念的界定

不同国家之间货币的兑换比例被定义为汇率。从原理上来讲，汇率可以理解为两种货币不同货币的相对价格。一国对汇率制定的管理规则可以称为汇率制度。在设定汇率制度的过程中，存在众多的宏观因素会对汇率产生影响。如，一国经济的发展水平、金融市场的发展程度、经济对外开放程度以及其他货币的需求与供给情况。

汇率通过两种货币不同国家的相对价格来表示，既可以表示为外币的本币价格，也可以表示为本币的外币价格。一般情况下，短期汇率根据一国外汇市场上两个不同国家的货币需求和供给情况来决定。对本国货币的需求主要来自国外居民对国内商品的需求、对国内可投资资产的需求和为赚取高额收益而产生的投机需求。同时，本国居民对国外商品、资产以及投机的需求也会对该国的汇率产生影响。长期来看，对汇率水平的影响则主要受国家之间的生产效率、贸易条件变化等相关因素的影响。

由于汇率表示两种不同货币的相对价格，因此，需要对汇率的表示方式进行界定。一般情况下，汇率的表示方法分为两种：一种是直接标价法，另一种是间接标价法。直接标价法是指一单位的外国货币可以兑换的本国货币数量，当这个数量下降时，表示外国货币出现贬值，本国货币出现升值。间接标价法是指一单位本国货币能够兑换的外国货币，其变化情况所代表的升贬值情况与直接标价法相反。本书在研究过程中使用的标价方法不加说明一般指直接标价法。

1.2.2 名义汇率和实际汇率

由于各国政府具有控制本国货币发行的功能，因此，一国汇率变化既包含对本外币需求的变化，也包含对本外币供给的变化。名义汇率和实际汇率的区分能够将由于货币因素导致的汇率变化区分开来。

名义汇率是指一国汇率市场上两国之间货币交易时得出的相对价格。名义汇率既包含外汇市场对货币的供求信息，也包含由于两国货币价格水平变化对币值带来的影响。实际汇率是指剔除两国国内价格水平变化之后的，一国货币相对于另外一国货币的价格。实际汇率可以通过名义汇率剔除价格因素影响来得出。

1.2.3 名义有效汇率和实际有效汇率

日常外汇市场中的汇率波动较大，很难直接用于宏观分析，有效汇率的引入为分析汇率对宏观经济的影响提供了较好的途径。

国际清算银行（BIS，2006）对有效汇率（Effective Exchange Rate，EER）进行了详细的界定。BIS认为相比双边汇率而言，有效汇率能够提供一个衡量汇率对宏观经济影响的指标。有效汇率通常有两种，即名义有效汇率（Nominal Effective Exchange Rate，NEER）和实际有效汇率（Real Effective Exchange Rate，REER）。名义有效汇率是指由加权平均双边汇率构成的一种指数。实际有效汇率是指名义有效汇率经相关价格或者成本的调整之后形成的指数，因此，实际有效汇率指数的变动既包含名义有效汇率的变化，也包含贸易伙伴国之间的通货膨胀水平变化。在政策和市场分析中，有效汇率有非常重要的用途，可以用于衡量国际竞争力水平，外部冲击的测量、构成货币金融条件指数，以及用于货币政策的中间目标。

本质上来讲，不同国家货币进行兑换的基础是货币的实际购买能力。在布雷顿森林体系之前，世界各国的货币都与黄金挂钩。这种严格与黄金挂钩的货币体系约束了各国货币的发行，使得各国币值基本保持稳定，为国家商品贸易提供了一个较稳定的交易环境。但同时，由于货币与黄金挂钩，货币增长严格受到黄金储备的影响，反过来对经济产生了一定程度的制约。这种情况在一定程度上导致了布雷顿森林体系的破裂。1973 年布雷顿森林体系解体之后，全球不同国家货币不再和黄金挂钩，国家在发行货币的问题上不再受到掣肘。然而，这种情况下，不同国家货币的币值难以保持稳定，汇率就成为影响宏观经济的重要变量。同时，汇率的变动越来越剧烈，一国货币的购买力水平也出现较大波动，货币自身不再有价值，其背后主要代表了一个国家的信用水平。当一个国家的经济基本面出现问题时，其信用评级会相应地被调低，这将导致一国货币出现较大程度的贬值，进而对宏观经济基本面产生较大的影响。

1.3 研究内容与方法

1.3.1 研究内容

本书的研究思路是，首先，对涉及汇率冲击和宏观经济波动的相关文献进行梳理，根据研究的对象对其进行归纳总结。其次，结合人民币汇率形成机制的变化对人民币汇率波动特征进行了总结分析，并在已有研究的基础上进行拓展，构建理论模型和实证模型研究有效汇率波动对宏观经济的影响效应，这是本书研究的重点内容。最后，总结全书并给出相应的政策建议。具体而言，本书研究内容的主要结构安排如下：

第1章，引言。在该部分，本书主要对研究背景与意义、汇率基本概念界定、研究内容与方法、创新点与不足等分别进行了论述。

第2章，文献回顾。根据需要研究的问题，本章分别从汇率波动与贸易收支、汇率波动与通货膨胀和汇率波动与产出等角度出发，回顾和梳理了汇率变化对主要宏观经济指标影响的国内外相关文献。这些文献为本书研究汇率冲击对宏观经济的影响提供了可借鉴的思路和研究方法。

第3章，人民币有效汇率的度量及其波动特征。本章对人民币汇率体系及演变历程进行了回顾。从人民币汇率的经验数据来看，历次汇率改革都造成人民币汇率波动加剧，因此分析历次人民币汇率改革能够对人民币汇率波动有一个较为直观的感受。结合人民币汇率的数据对其波动特征进行了分析。对汇率波动的计算主要采用较为前沿的GARCH模型来进行，并通过计量模型分析了人民币汇率波动的主要特征。

第4章，汇率冲击与经济波动：理论模型。本章首先对涉及开放经济下动态随机一般均衡模型的相关经典文献进行了梳理，对其一般分析框架所包含的因素进行了归纳总结，并指出其与中国经济不同的地方。其次采用动态随机一般均衡的方法分别对各类市场经济主体进行了最优化分析，结合市场出清条件得出一般均衡状态下模型的表达形式，并对均衡状态下的模型进行了对数线性化处理，以便于进行定量分析。

第5章，汇率冲击与经济波动：实证研究。本章采用Bayesian方法并结合中国宏观经济数据对模型中的参数进行了估计，并通过脉冲响应函数分析了汇率冲击对宏观经济波动的影响。这些实证结论的获取为理论上理解有效汇率冲击对宏观经济波动的影响机理提供了较为直观的现实证据。

第6章，结论与建议。本章将对前述各章节的研究结论进行归纳总结，并提出研究需进一步拓展的地方。在归纳结论的基础上，本书针对当前宏观经济发展情况提出了相应的政策建议，为监管层提供有益的参考作用。

1.3.2 研究方法

本书的研究过程中主要采用理论建模与计量实证研究，并通过宏观数据对理论模型进行实证检验。具体的研究方法如下：

（1）文献研究法。通过对现有文献的总结归纳，厘清已有研究成果的发展脉络，为后文构建理论模型提供文献基础。梳理汇率波动理论和经济周期理论，为构建开放经济下汇率冲击对宏观经济波动影响的模型提供理论支撑。

（2）动态随机一般均衡分析。在分析金融发展程度在汇率冲击对宏观经济波动影响中所起的作用时，本书采用动态随机一般均衡方法构建理论模型，通过该模型能够有效模拟在不同金融发展情况下，汇率冲击对宏观经济波动影响程度的变化。

（3）统计与计量研究方法。本研究主要为实证研究，相关研究中将采用中国的宏观经济数据对相关变量进行实证分析。研究过程中，根据需要构建一些综合性的衡量指标（如衡量中国金融发展程度的指标等），并采用结构向量自回归模型分析汇率冲击对宏观经济中各变量的影响。通过计量的分析，能够为我们的研究提供重要的佐证，从而得出最终的结论。

1.4 创新点与不足之处

1.4.1 创新点

本书研究过程中的创新点主要体现在以下两个方面：

（1）研究内容与对象的创新。不同于以往的研究，本书侧重分析人民币有效汇率变化对我国宏观经济的影响，并使用了较新的宏观数据进行实证分析。现有研究大多使用常规的汇率概念来研究人民币汇率变动的宏观经济效应，本书从有效汇率的概念出发，使用有效汇率数据能更好地反映汇率变动的特性，也能更深入地把握人民币汇率波动的宏观经济效应。

（2）研究方法的创新。本书使用动态随机一般均衡模型研究了人民币汇率冲击对我国宏观经济变量的影响。在对模型的参数进行估计时，使用了目前较为前沿的 Bayesian 估计方法，使用中国最新的宏观经济数据对模型中的参数进行了估计，使得模型在解释人民币汇率冲击对我国宏观经济变量的影响机理时具有更好的说服力。

1.4.2 不足之处

本书在研究过程中还存在以下不足之处：

（1）数据可得性的制约。在进行实证研究时，一些变量的数据存在缺失问题，本书通过插值法对实证数据进行了修补。还有一些较为重要的变量无法找到对应的国内数据，而只能通过替代变量进行实证分析。这些数据处理增加了实证分析的误差。

（2）模型设定的偏误。在动态随机一般均衡模型的构建中，本书对模型施加了较多的假设条件，这些假设条件使模型的适用性有所下降。同时，中国人民银行在实施货币政策时并未给出具体的货币政策规则，本书在建模时采用数量型货币政策规则作为替代，这或许增加了模型的误差。

文献回顾 2

2.1 汇率波动与贸易收支

在经济全球化的进程中，国际贸易收支反映一国与其他国家之间的商品流动情况，而作为货币相对价格的汇率是各国贸易的一个非常重要的连接纽带。20 世纪 70 年代初，随着布雷顿森林体系的正式崩溃瓦解，西方发达国家逐渐抛弃以美元为中心的固定汇率制度，形成了灵活性更强的浮动汇率制度。因此，各国汇率开始出现波动，其变化的自由度大幅度提高。在上述国际金融体系变迁的现实背景之下，出于实践指导的需求以及汇率数据获取等研究条件的不断改善，众多学者开始以汇率波动对国际贸易收支的影响作为重要的研究主题，对此领域的研究得以开展，经过四十多年一步一步深入的理论与实证分析，取得了丰富的研究成果。国内对这个领域的研究工作起步较晚，20 世纪 90 年代才开始涉足这方面的研究工作，而且大多偏重实证分析，然而随着我国国际贸易地位的上升，以及我国国内改革实践中一些特殊的制度和社会环境，国内研究也取得了许多值得借鉴的研究成果。

在《1914 年以后的货币与外汇》这本专著中，著名瑞典经济学家古斯塔夫·卡塞尔（G. Cassel）最早成熟地提出购买力平价理论（Theory of Purchasing Power Parity），也简称 PPP 理论。该理论指出：两个国家的货币购买力之比为决定汇率价格的主要基础，因此汇率的变化就是由两国货币购买力的变化所引起的。卡塞尔的理论奠定了汇率与贸易收支关系研究的基础，加上李嘉图的比较优势理论，二者结合在一起就开创了汇率与贸易收支研究的先河。目前学术界针对汇率对贸易收支影响的研究工作可分为两大方面的主题，其中一个研究主题是侧重于汇率变化对贸易收支总量的影响方面，另一个则侧重于研究汇率变化对贸易收支影响的时变性效应方面。因此，本书的文献梳理也将参考这个分类，分别就贸易收支的弹性分析和汇率变化的J曲线效应两个方面进行回顾。

2.1.1 贸易收支的弹性分析理论

著名经济学家鲁宾逊和勒纳最早基于马歇尔的局部均衡分析方法开创了贸易收支的弹性分析理论。鲁宾逊和勒纳将马歇尔的微观经济学中的弹性分析法进一步扩展到国际贸易市场，以此分析汇率与进出口商品的弹性关系。所以，贸易收支的汇率弹性分析与供给和需求的价格弹性分析具有相似性，不过其分析过程会更为复杂些，因为在分析贸易收支的汇率弹性时，需要考虑商品的国内与国外两个价格。通过分析形成了马歇尔—勒纳条件（以下简称M－L条件），该条件指在没有考虑一国国民收入发生变化的情况之下，基于一定的条件，一个国家汇率变化（货币贬值或者升值）对本国贸易收支会产生影响，该条件要求进出口商品需求价格弹性相加之和应该大于1。具体可以表述为，如果一个国家货币发生贬值，并且该国进出口商品在国际市场的需求价格弹性大于1，那么贬值将会使该国的贸易收支状况得到改善；如果一国的货币贬值，同时该国进出口商品在国际市场上的需求价格弹性之和刚好为1，那么贬值就不会对该国的贸易收支状况产生影响；如果货币贬值且进出口商品需求价格弹性之和小于1，那么货币贬值会恶化该国的贸易收支状况。

贸易收支的弹性分析理论虽然应用很广，但其是基于局部均衡的分析方法，用来分析汇率变化对贸易收支总量影响方面具有很多不足之处，具体表现为：首先，该理论没有对汇率变化所引起的贸易收支调整过程进行分析，而此调整过程能否顺畅进行是最终贸易收支变化的关键，正是如此现有的实证研究得出的结论并不一致，可能是与调整过程有关；其次，M－L 的分析包含一个很重要假设条件，即一个国家的国民收入固定不变，然而在现实中汇率的变化会影响一国的贸易收支，国际贸易收支却会反过来影响国民收入水平、国际资本流动及货币供应量等，所以该假设条件很难真正满足。鉴于以上不足，很多学者对贸易收支的弹性分析理论进行了改进，逐步形成了两个主要的分析框架，分别是吸收分析理论和货币分析理论。

20 世纪 50 年代，詹姆斯·米德（J. Meade）和西德尼·亚历山大（S. Alexander）在凯恩斯国民收入决定理论的基础上提出了吸收分析理论。根据国民收入决定理论，当国际贸易收支活动产生失衡时，可通过改变国内的总收入及总支出来吸收。如果通过货币贬值，一个国家可以改善国际贸易收支，但必须满足贬值能够增加收入或减少支出的条件；否则，伴随货币贬值而出现的可能不是改善国际贸易收支，进而可能引起通货膨胀或者其他经济问题。

20 世纪 70 年代中后期出现了以美国经济学家 Mimdell 和 Johnson 为代表的货币分析理论，该理论是货币主义理论在国际贸易收支领域的扩展。按照该理论的看法，可以把国际贸易收支失衡看作一种货币现象。或者可以说，长期来看汇率的变化是一种货币现象，因而，汇率变化对一国贸易收支的影响有非常关键的作用。如果考虑国际的货币市场，市场个体包括个人、企业和国家对货币量的需求量与市场上的货币供应量之间没有达到均衡，由此将引起货币需求与供给的失衡并导致汇率的变化，从而会带来贸易收支的失衡。所以，政策制定者可通过货币政策及货币供应量的调整来改变国际贸易收支状况。货币分析理论的分析结果表明：如果采取扩张性货币政策，那么一个国家的国际贸易收支顺差可能减小；反之，如果采取紧缩性货币政策，那么一个国家的国际贸易收支逆差可能减小。

在总结已有理论的基础上，麦金农（McKinnon）提出汇率与贸易平衡理论，分析一个国家在封闭经济条件下或者开放经济条件下汇率变化对贸易收支的影响作用。封闭经济条件下，国内价格总水平和利率不受国外因素影响，在假设M－L条件成立的前提下，如果该国货币贬值，那么出口就会增加，若不考虑吸收效应，则净出口会上升。与此同时，出口增加会带来国民收入的增加，对一国国内的物价水平有推动作用，这会让本国出口商品的相对竞争力下降，会推升进口，但还不会带来逆转性的影响效果。但是，如果国内国民收入水平上升并没有引起物价总水平上涨的话，那么一国的货币贬值将对净出口水平有一定程度的促进作用。在开放经济下，资本在国际市场上可以自由地流动，通过资本的逐利本性可以得知，只有国内外资本的真实利率相等才能达到均衡。如果一国货币贬值导致该国汇率水平偏离了购买力平价水平，那么该国的国内物价总水平就会上升。同时，由于相对投资成本的降低将带来资本流入使国内投资水平上升，国民收入也会随之增加，但对外国商品的吸收能力也会增加，此时将无法判断净出口是增加还是减少。以上的分析结论表明，在开放经济体中，货币贬值对国际贸易收支的影响在理论上将是无法确定的，而长期来看国际贸易收支将不受货币贬值的影响。

国内学者也对汇率波动给贸易收支带来的影响进行了理论分析。简新华（1993）从理论上分析了汇率波动对国际贸易收支的影响作用，结果发现本国货币升值会使进口增加，而出口则在大多数情况下减少，由于出口商品的本国货币与外国货币的相对价格受到原材料来源和国内币值的影响，可能存在多种变化情况，因此结论会比较复杂。卢中原等（2010）认为人民币贬值能降低出口商品价格、增加出口量以及提高出口商品总金额的增长速度。王晓永等（2020）研究发现，人民币兑美元实际汇率贬值将引起中国对美国进出口需求弹性呈现非同步性降低，且出口需求弹性降幅小于进口的需求弹性，即人民币兑美元实际汇率贬值将加剧中美贸易的失衡态势。

除了以上的理论分析外，大量研究者从实证角度分析了汇率变化对贸易收支的影响作用。Coes（1981）以巴西13种工业品和9种初级产品为研究对象，运用1957年至1974年的长时间数据，分析汇率变化与进出口商品贸易收支的实证关系。其研究发现工业品的贸易收支与初级产品的贸易收支受汇率变化的影响作用不一样。Cushman（1983）以美国与德国、法国、英国、加拿大、日本的国际贸易收支为研究对象，使用年度数据进行OLS实证分析发现，美国和法国之间的贸易收支受汇率变化的影响作用显著为正，而其他国家的双边贸易收支受到的影响却是负向的。Akhtar（1984）也进行了类似的分析，但使用的是季度数据。Baldwin和Krugman（1989）研究发现，1985年至1987年美元贬值不仅没有改善美国贸易赤字状况，反而使贸易赤字状况进一步恶化了，他们使用沉淀成本和价格黏性对此进行了解释。Bahmani（1992）运用19个发达国家和67个发展中国家，1973年至1980年的年度数据进行实证研究，比较不同平均收入国家的汇率波动对国家贸易收支的敏感性，研究结果表明，相比于国民平均收入高的发达国家，国民平均收入较低的国家的贸易收支对汇率波动更加敏感。Backus（1998）把日本和美国贸易收支不平衡的短期和长期问题相结合起来研究，实证结果表明，汇率变动在短期内可以缓解美国和日本之间的贸易收支失衡，但是长期来看却无法根本性地消除两国之间的贸易失衡问题。

Ariccia（1998）运用15个欧盟国家1975年至1994年的年度面板数据，分别用OLS和2SLS估计方法，估计结果表明，汇率变化的不确定性对一个国家贸易收支的影响显著为负。Wilson（2000）基于美国、日本和韩国的贸易数据，通过实证研究发现实际汇率变动对美韩和日韩间的双边贸易无明显影响作用。Boyd等（2001）以8个OECD国家作为经验分析对象，实证分析结果表明只有5个国家的贸易收支情况满足M－L条件，所以货币贬值将能改善这5个国家的国际贸易收支状况。Peridy（2003）运用G7国家对主要贸易伙伴出口的需求和供给的数据，用固定效应模型进行实证分析，估计结果显示，汇率变化对进出口贸易的影响是显著为负的，但是在不同的产业和地区中表现出一定差异性。Khim - sen Liew、Kian - ping Lim 和 Huzaimia Hussain（2003）的实证研究表明，货币贬值会使马来西亚、新加坡、泰国、菲律宾等国对日本的贸易状况恶化。

国内的实证分析大多侧重于分析人民币汇率波动对我国进出口贸易的影响，所得出的研究结论也有不一致的地方，而且在研究方法及数据上各有不同。卢向前、戴国强（2005），毕玉江、朱钟棣（2006），谷宇、高铁梅（2007）以及周杰琦、汪同三（2010）等人的研究表明，人民币贬值会使出口水平增加而进口减少，人民币升值的效果则刚好相反，也就是说 M - L 条件在我国是成立的；但是厉以宁（1991），马丹、许少强（2005）以及戴世宏（2006）得到的结论却相反。对于人民币汇率波动对我国贸易收支的影响效应究竟如何，学界的研究还未形成统一意见。陈平、熊欣（2003）认为汇率波动对我国出口的影响相对较大，而我国进口主要受国际贸易政策的影响；季莹、王拾（2010）也指出人民币升值可能不是我国贸易出口变化的基本原因，而且对进口变化的影响也是不确定的。朱林锋（2013）的研究认为人民币升值促进了上海市的进口贸易而抑制了出口贸易。李文懿（2010）运用协整分析方法的研究表明人民币汇率波动与我国进出口贸易之间具有长期均衡关系。然而，周晔和雷云芳（2013）基于中国和日本双边贸易数据的实证分析却发现汇率波动对中日两国双边贸易没有显著影响。任兆璋和宁忠忠（2014）的分析也表明人民币实际汇率与中美贸易差额不存在稳定的协整关系。由此可见，尽管现有的实证研究使用了不同数据及方法，但汇率波动对进出口贸易的影响仍然没有形成统一的结论。

曹伟和左杨（2014）使用季度数据并自行测算了我国省际的实际有效汇率指数，系统地分析了人民币实施汇率改革以来实际有效汇率变动对各省进口贸易的影响作用。他们的实证结果表明省际实际有效汇率变动对当期进口贸易具有负向的影响作用，但滞后一期的汇率升值对进口贸易却有一定的促进作用，进一步还发现实际有效汇率的变化对东部省份进口贸易的影响作用最大，对中部省份的影响最小。

王彬（2015）基于经济内外部均衡的视角构建新凯恩斯动态随机一般均衡模型研究了人民币均衡汇率以及汇率失衡的程度。他认为汇率改革后人民币汇率已趋于均衡，未来不会再大幅升值，进一步的分析表明2005年以来的人民币持续升值已经大幅削弱了当前汇率对贸易顺差的贡献度。

杨丽莹（2019）基于修正的M－L条件模型，研究发现，人民币汇率占美元汇率权重越高，人民币贬值越能改善中国的国际贸易收支。胡宗彪等（2019）采用跨国面板数据并运用固定效应模型考察人民币汇率波动对服务贸易收支的影响，并与商品贸易收支进行对比分析。研究发现，人民币贬值会使中国商品贸易收支恶化，但是人民币汇率波动幅度增加均能使服务贸易收支和商品贸易收支得到改善，且对前者的影响及其显著性都要低于对后者。

2.1.2 汇率变化与J曲线效应

针对M－L条件提出的命题，众多学者展开了相当丰富的实证研究，但是得出的研究结论却不一致，即使在这个命题成立的条件下，一国货币贬值能否改善国际贸易收支状况还与进出口商品数量的调整情况有关。在一个经济体已经实现充分就业并且国民收入水平保持不变的前提条件之下，货币的贬值会使贸易收支得到改善，这是由于整体经济包括国内和国外可能发生资源转移效应。但一国的货币贬值也并不能使国际贸易收支状况立即改善，其作用得以发挥可能需要经历一个时间过程，也就是说一个国家货币贬值与该国贸易收支状况的改善之间具有一定的时滞效应，此种影响作用的时滞效应被称为J曲线效应。

汇率变动的J曲线效应之所以存在，是因为无论国内还是国外市场上的消费者和生产者对货币贬值的反应存在时滞，也有可能是因为市场结构，比如不完全竞争市场中厂商对价格变化并不会立刻作出反应。在国际贸易的市场中，当贸易合同签订时，通常本币贬值所带来的出口利润的增加数量难以弥补进口成本的增加数量，由此使得一个国家的贸易收支出现下降。汇率变化影响贸易收支的传递过程中，虽然可以导致进出口商品的国内外相对价格出现变化，但是进出口商品的消费数量在适当时间内却也不会立刻出现变动，使出口商品的供求弹性都相对比较小。换言之，一个国家货币贬值引起的进出口商品数量的调整速度要远远慢于价格的调整速度，因此，在短期内该国货币的汇率贬值可能会进一步恶化国际贸易收支。随着时间的推移，进出口商品的需求弹性出现增加，达到一定时间点之后 M – L 条件将会成立，那么国际贸易收支也将开始改善。总的来看，在汇率变化影响国际贸易收支调整的过程中，国际贸易收支与汇率的变化表现出一条 J 形的曲线。

Meade（1988）的研究发现，金融资产以汇率、利率等来表示其价格，当此价格发生变动时，能迅速地影响到进出口贸易等实物资产的价格，并且最终影响到该国贸易收支状况。如果采用比较灵活的浮动汇率机制，且国家的经济开放程度比较高，那么汇率变化引起的 J 曲线效应将更为明显，这是由于该国贸易收支差额的变化将更容易传递到外汇市场中。Bahmani – Oskooee（1989）对发展中国家的实证分析结果表明，在一个封闭和相对软弱的经济体中，且贸易逆差比较严重，那么较强的进口需求刚性可能会使汇率变动的 J 曲线效应发生变形。霍尔伍德等（1996）认为如果考虑到事先预期因素，那么即使 M – L 条件成立，本币贬值可能也不会产生 J 曲线效应。

对于人民币的 J 曲线效应，国内学者也给予了不少的关注。钟伟等（2001）实证分析了人民币的 J 曲线效应，研究结果表明人民币汇率变动对我国出口和贸易收支影响的时滞效应约为 3 个季度。黄晓红和唐鹏蛟（2010）首先从理论上推导出反 J 曲线效应，并基于月度数据运用分布滞后模型及协整理论等分析了人民币升值对中美进出口贸易的影响作用，结果表明汇率改革后人民币升值产生的反 J 曲线效应还处在第一阶段。韩斌和刘园

(2013) 根据我国双边贸易的季度数据，运用边限检验法以及误差修正模型检验了中国与13个主要贸易伙伴之间J曲线效应的存在性，结果表明只有中日之间的双边贸易存在J曲线效应。

张云等（2017）引入非对称的自回归分布滞后模型（ARDL）误差校正方法，在拒绝升值和贬值贸易效应的“对称性”假设下，利用中国与18个主要贸易伙伴的季度数据检验人民币实际汇率升值和贬值与双边贸易差额之间的关系，研究发现中国在与12个贸易伙伴的双边贸易中人民币升值或贬值存在长期不对称效应，而且非对称性检验模型还提供了比对称性检验模型更多的支持“J曲线”的证据。

李夏玲等（2018）分析了中国与主要贸易伙伴之间汇率变动对贸易收支影响的非线性动态效应，认为中国与7个经济体间在汇率变动和贸易收支关系上存在J曲线效应，当汇率受到负向冲击时中国与6个经济体的贸易收支将受到更大的影响，总体来说近年来人民币升值对中国与贸易伙伴贸易收支的恶化效应逐渐出现。

李圣华和穆舒（2021）基于中韩两国2011年第一季度到2019年第三季度的样本数据，采用Johanson协整检验和Granger因果检验分析人民币汇率波动对中韩进出口额的影响，实证结果表明，中韩贸易存在理论上的J曲线效应。短期内，汇率对贸易收支具有恶化作用；长期中，整体存在正向作用。

2.2 汇率波动与通货膨胀

国际经济学中关于浮动汇率制度和固定汇率制度孰优孰劣的争论由来已久。Friedman（1953）很早就指出浮动汇率制度下国际收支的调整会更加有效。Friedman（1953）还认为，在价格是完全弹性的条件下，浮动汇率制度与固定汇率制度是等价的。20世纪70年代布雷顿森林体系瓦解之后，浮动汇率制成为主流，汇率的波动从而也成为常态，这吸引着大量学者研究汇率变化的经济影响，而研究汇率变动对国内物价水平的影响就是一个热点主题。随后，关于汇率对国内物价水平的传递效应的理论分析及实证研究的文献大量出现，以研究的经济体对象及开放程度可以分为三种不同的类型。即小国开放经济、大型工业化开放经济以及半开放经济。传统开放经济理论认为购买力平价定律是商品市场均衡的基础，价格水平对汇率变动的反应主要源于购买力平价理论和一价定律。然而许多实证分析却发现，不同国家的汇率变动对本国价格的传递效应具有较大的差异性，在大国情形下，货币贬值带来的国内价格上升会被国际市场价格下降所产生的影响部分地抵消掉，由此会减小汇率的价格传递效应。

2.2.1 汇率变化对价格的传导机理

Krugman（1986）提出依据市场进行定价的理论（Pricing to Market），用厂商的市场定价行为来解释汇率对进口价格可能存在的非完全传递效应。由于厂商通常拥有一定的市场力量，可针对不同市场制定差异化的价格，因此在汇率发生变动时，国外厂商可通过加成定价方法达到稳定出口价格的目的，由此汇率变动对商品价格的传递效应就会是不完全的。美国经济学家Dornbusch（1987）指出，在不完全竞争的市场框架下，一体化程度、厂商间商品同质性或可替代性程度、市场份额等也可能影响到汇率对进出口商品价格的传递作用。Hooper 和 Mann（1989）的研究与之类似，也考虑到厂商之间商品的可替代性程度、市场结构以及国外厂商在整个市场中所占份额等重要因素的作用。Sibert（1992）引入厂商的策略行为发现，如果进口厂商之间选择共谋策略的话，并且共谋厂商占整个市场的份额越高，那么汇率变动对进口商品价格的传递效应越大。

从上述理论研究可以发现，汇率变化对价格的传递效应受众多因素的影响，表现为不完全传递，另外有部分学者从沉没成本的角度对其进行了解释。随着经济全球化以及市场竞争程度的加强，贸易商品的差异化竞争成为必然选择，因此，出口商品不但要有合理的价格还要有高的质量，质量的提高要求它们投入巨大的开发资源来提升商品的质量，使它们的商品能适应国际市场竞争，取得一席之地。由于厂商存在对汇率变化的预期及套期保值操作，因此暂时性的汇率变化对进出口商品的价格可能没有影响。然而，如果厂商预期汇率变化是持久性的和趋势性的，那么厂商对出口商的生产和价格进行调整将是合理的行为。所以，持久性和趋势性的汇率变化才可能对进出口价格具有显著影响作用，然而现实中厂商要正确预期汇率变化是很困难的事情。

Baldwin（1989）研究发现，如果厂商已经进入市场，其投入大量资源进行广告宣传和分销网络建设，这部分成本构成厂商的沉没成本，那么只要出售价格大于或者等于生产的平均可变成本，其将不会退出市场，从上述分析角度可以得出如下结论：当货币升值时，出口厂商不会立刻降低价格，而是维持现有价格和销量；相反，若货币贬值，国外厂商也不会马上提高价格，所以厂商对汇率的变化并不敏感，汇率对价格的传递效应也就表现得不完全。

Froot 和 Klemperer（1989）基于市场需求视角研究汇率传递，认为大多数厂商比较注重市场份额的扩大，厂商的定价策略不但与利润最大化有关，而且还要关注未来市场份额的扩大，所以厂商对汇率变化的预期会影响他们的定价策略。如果外国出口厂商预期一个国家货币有贬值的可能，那么这将会遏制外国出口厂商市场份额的扩大，它的策略或是放弃该国的市场，或是继续执行低价策略，而不会根据汇率变化来提高商品销售价格，因此将出现汇率对价格的不完全传递。另外，厂商对汇率变化的预期是暂时还是持久也会影响到汇率对价格的传递效应。

Clark、Kotabe 和 Rajaratnam（1999）对国际营销策略在汇率传递机制中的作用进行了研究，通过分析得出如下结论，营销渠道的长度在汇率变化对最终出口市场价格的传递机制中起重要作用，在其他条件不变的情况下，营销渠道加长会使汇率传递过程也更长，营销渠道越长会弱化汇率的传递效应。

随着宏观经济学学科发展以及汇率价格传递机制相关研究的不断推进，自 20 世纪 90 年代以来，大批学者逐渐在开放经济的宏观经济学理论框架下研究汇率传递的机制，研究视角也开始从微观层面向宏观层面转移。

Betts 和 Devereux（2000）认为，如果出口商的商品以本国货币来定价（PCP），那么商品销售价格将随汇率同比例变化，汇率对价格将产生完全传递效应；如果以进口国货币来定价（LCP），那么在短期内名义汇率对价格没有传递效应。

McCarthy（2000）分析国家大小对汇率传递效应的影响，分析发现国际大国的货币贬值所带来的通货膨胀效应会因为产品的世界价格下降而部分抵销，汇率对价格的传递效应由此被削弱，所以国家规模越大则汇率的价格传递效应就越小。另外，如果一个国家与国外有往来的部门占比越高，那么汇率变化对总体活动包括价格水平的影响可能越大，但是即使大国有较多的与国外有往来的部门，由于大国出口厂商往往采取依据本国市场价格定价，因此汇率变化对价格的影响也可能被减弱。进一步的研究结论表明，汇率对价格的传递效应与一个国家的开放程度正相关。从进口商品的角度来看，如果一个国家的开放程度越高，那么进口商品在国内生产总值所占的比例越大，也即进口商品占消费的比例越大，那么开放程度越高，汇率变化对物价水平的影响也会越大。

Taylor（2000）研究了通胀环境对汇率传递效应的影响作用，发现在低通胀环境下厂商具有较低的通胀预期，所观察到的成本变化只是暂时的，因此采取稳定产品价格的策略，汇率的传递效应由此降低。另外，一个国家的货币政策规则也可能与汇率的价格传递效应互为影响。Corsetti 和 Pesenti（2002）构建理论模型分析了出口厂商把汇率变化部分地传递到消费者价格的行为。如果出口厂商用 PCP 的方式进行定价，那么汇率变化对价格的传导效应很高；如果出口厂商用 LCP 的方式定价，那么汇率变化对价格的传导效应很低；如果出口厂商用第三国货币进行定价，那么汇率变化对价格的传导效应也比较低。

2.2.2 汇率变化对通货膨胀影响的经验证据

汇率变化对价格水平及通货膨胀影响的经验研究比较多样化，众多学者从不同的角度对此问题进行了大量的研究，并提供了丰富的经验证据。有研究者测算了汇率变化对进出口价格的传递效应，也有研究者估计了汇率变化对一国通胀或物价总水平传递效应的大小；对于汇率传递效应的测算，既有侧重长期的，也有侧重短期的；在比较性的研究中，既有对比不同国家的传递效应，也有对比不同行业的传递效应。前期的实证研究大多使用的是单方程回归方法，侧重分析进出口商按市场定价的准则是否存在，或测算汇率变化对不同行业进口商品价格及整个进口商品价格的传递效应。主流的结论认为，汇率变化对进出口商品的价格具有不完全传递响应，且还存在着时滞效应，然而对于不同的国家也存在一定的差异性。

Krugman（1986）分析了美国的进口数据发现，运输和机械部门中进口价格的变化没有完全反映出美元升值的影响。Yang 和 Hwang（1994）以韩国的相关数据为研究对象，研究汇率变动对国内价格总水平和出口价格水平的传递效应，分析结果表明汇率变化的大部分被韩国的出口企业内部消化掉，而只有一小部分经过一段时间后传递到出口商品的价格中。上述结果表明，韩国出口企业对价格的控制能力很弱，几乎是一个价格接受者，不得不吸收大部分的汇率变化。这是因为，韩国出口商品大多集中于轻工业和耐用消费品，而这些行业在国际市场的价格竞争相当激烈。

McCarthy（2000）运用 OECD 的 6 个工业化国家 1975 年至 1998 年的数据，建立了汇率、消费价格、生产者价格和进口商品价格的向量自回归

（VAR）模型，实证分析了工业化国家汇率变动的价格传递效应，结果发现多数工业化国家汇率变动对消费价格的传递效应比较适中，而且汇率的价格传递效应还与汇率波动程度负相关。Goldfajn 和 Werlang（2000）以 71 个国家面板数据为样本的实证分析表明，汇率变化的价格传递效应的影响因素较多，包括初期实际汇率错位的大小和通货膨胀的大小，经济开放程度以及经济周期等。

Burstein、Eichenbaum 和 Rebelo（2002）分析 9 个国家在本国货币遭遇贬值对通货膨胀的影响，研究发现汇率变化对消费品的物价指数只有很小的传递效应。Daniel Leigh 和 Maero Rossi（2002）运用土耳其的数据建立向量自回归（VAR）模型，研究发现汇率变化对物价水平具有超过一年的持续影响。进一步的比较还表明，其对零售价格的传递效应要显著大于对消费品价格的传递效应。

Campa 和 Goldberg（2002）以 OECD 国家 1975 年至 1999 年的季度数据为样本，使用单方程回归模型考察了 25 个 OECD 国家的汇率传递效应，实证分析结果表明，以本国货币为结算货币的进口商品其价格在短期内 60% 受汇率变化影响，在长期内有 80% 受汇率变化影响，国与国之间比较研究发现，汇率变化对美国进口商品价格的传递效应在长期和短期有所不同。进一步研究发现，不同行业的传递弹性也不一样。

Kandil 和 Mirzaie（2002）在一个理性预期理论模型中，将厂商对汇率变化分为预期到的汇率变化部分和未预期到的汇率变化部分，运用 1961 年至 2000 年的年度样本数据，研究美国的总体物价水平以及七个行业的物价水平，分析结果表明，预期到的汇率变化对总体物价水平的影响较小，而预期到的汇率变化对大多数行业的物价水平的影响不显著，但是其系数估计值的符号大部分为负，也就是说，美元汇率升值对美国上述七个行业的物价水平有向下的压力；未预期到的汇率升值也有此效应，对于金融业的物价水平，其向下的压力表现得更为显著。

Sammo Kang 和 Yunjong Wang（2003）以日本、韩国、新加坡和泰国4个国家为研究对象，研究发现这4个国家的汇率变动对进口商品价格的影响更为显著，而且韩国和泰国汇率变化的价格传递效应在不断增强。Zulfiqar Hyder 和 Sardar Shah（2004）以巴基斯坦的月度数据为基础进行实证分析发现，汇率变动对物价总水平的传递效应很小，而对零售价格水平的传递效应就很显著，超过对消费价格水平的影响效应。Takatoshi Ito、Yuri N. Sasaki 和 Kiyotaka Sato（2005）基于 VAR 模型的分析表明，面临金融危机的国家，其进口商品价格的汇率传递效应很高，但消费品价格的汇率传递效应通常都较低，且极可能是非线性的传递效应。如果一个国家的汇率只有微小的变化，那么出口厂商可以通过提高生产率等方法来抵消汇率变化的影响；如果一个国家的汇率变化非常大，那么出口商品的价格将有很大变化。

Campa 和 Goldberg（2005）进行的实证分析发现，对外出口厂商短期内既没有采取生产地的货币进行定价也没有采取进口国的货币进行定价，在长期，出口厂商趋向于使用生产地的货币进行定价。在上述研究时间段内短期的汇率传递弹性系数估计值为0.46，而长期的汇率传递弹性系数的估计值为0.64，其中，美国是传递弹性系数最低的国家，短期传递弹性系数是0.25，长期传递弹性系数是0.4，而德国两者分别对应为0.6和0.8。

Nkunde Mwase（2006）基于 VAR 模型研究了坦桑尼亚的汇率变化的传递效应，认为由于宏观冲击和经济结构调整等原因，其汇率传递效应在不断下降。Toshitaka Sekine（2006）运用6个发达国家的相关数据，建立变参数随机波动模型研究了汇率变化的价格传递效应，发现无论是进口商品价格还是出口商品价格，其传递效应均存在不同程度的下降趋势。对于新兴国家及发展中国家，其汇率的价格传递效应也很受人关注，Michele、Elke 和 Marcelo（2007）对12个新兴国家汇率变化对物价的传递效应进行了深入研究，他们认为在通胀较低的新兴国家汇率给物价带来水平的传递效应与在发达国家的基本一致，他们还发现汇率对物价的传递效应与通货膨胀正相关，即

Taylor 假说在新兴国家基本上是成立的。Amit 和 Ramkishen（2007）使用印度季度数据的分析结果表明，汇率变化会使得印度的消费者价格水平下降，但是在所研究的样本区间内汇率的传递弹性系数大体上是稳定的。

汇率变化对价格水平的影响效应在不同的国家或地区存在差异性。Yushi Yoshida（2008）以 1988 年 1 月至 2005 年 12 月 HS 分类的出口商品月度数据为分析基础，使用面板数据模型分析了日本不同港口汇率的价格传递效应的差异性，研究结果表明汇率变动对出口商品价格的传递效应确实因港口而异。Amit 和 Ramkishen（2009）使用了韩国和泰国 1980 年第一季度至 2006 年第四季度数据，实证分析了汇率变化的价格传递效应及其变化趋势，他们发现泰国的汇率传递效应明显比韩国高，进一步的比较分析表明，泰国和韩国的汇率传递效应在亚洲金融危机之前和之后有所变化。

长期以来我国实行固定汇率制度，汇率只是进行几次较大的官方调整，而出口厂商对此作出反应。2005 年汇率市场改革之后，汇率市场的波动越来越引人关注，而汇率波动对国内物价水平的影响是一个比较热门和重要的研究主题。

陈彪如（1992）首先对人民币汇率波动给国内物价带来的影响进行了研究，他认为如果人民币汇率下降，那么进出口商品在国内价格水平将上升，从而国内整体物价水平也上涨；同时，社会商品中外贸商品的占比在此过程中也具有很关键的作用。王铮等（1999）基于汇率对物价传导机理，运用 20 世纪后期东亚地区货币连续贬值的数据，研究人民币汇率波动对出口价格的传导效果，认为出口货物的价格连续下跌的原因，人民币贬值会引起国内零售品价格上涨。卜永祥（2001）通过建立国内价格决定方程，运用 1990 年至 2000 年的季度数据采取协整和 Phillips – Hansen 两阶段的估计方法进行分析，结果表明，汇率变化与国内商品的价格指数和生产者的价格指数关系非常密切。

毕玉江、朱钟棣（2006）以时间序列的协整和向量误差修正（VECM）

模型，实证分析了汇率波动与进口货物价格之间的关系。分析认为，长期来看，二者之间呈现出负向相关关系，说明汇率变化对进口商的传递效应很强；汇率变化对国内消费品的价格传导效应很小。周天芸和凌芳（2007）以1985年至2006年数据为研究对象，采取协整方法和向量误差修正模型，将国内物价当作被解释变量，探讨国外物价、名义汇率、货币指数、国内劳动生产率对国内物价指数的影响方向和程度。结果表明，汇率对物价指数的传导存在时滞性，也就是说，在长期内传递效应更大。

李颖（2008）利用2000年至2007年的月度数据研究对象，运用VECM模型研究了人民币名义有效汇率变化对我国不同类别进口商品价格指数和国内总体进口商品价格指数的传递效应。实证结果表明，汇率变化在不同类别的进口商品价格指数的传递效应上存在显著的差异。施建淮、傅雄广和许伟（2008）运用SVAR模型分析了人民币汇率变动对我国物价水平的传递效应。实证结果表明，人民币名义有效汇率升值1%，6个季度以后的进口商品价格指数下降0.52，12个季度以后的工业品出厂价格指数以及消费者价格指数分别下降0.38个和0.20个百分点；2005年汇率改革以来，人民币升值对我国国内通货膨胀的下降具有较为显著的解释能力；同时作者发现对不同消费品价格，人民币名义有效汇率传递效应具有明显的差异性。

刘亚、李伟平和杨宇俊（2008）使用ARDL模型分析人民币汇率变化对国内通货膨胀的传递效应。实证结果表明，人民币汇率变动对消费者价格指数的传递效应具有不完全和时滞性等特点，并且在长期和短期汇率对消费者价格指数的传递效应估计系数都很低。李广众、任佳慧和王立立（2008）等研究发现，实际汇率的波动性增加是我国部分初级产品价格下降的主因。王胜和李睿君（2009）将国际价格竞争纳入对人民币汇率给物价水平带来的传递效应的研究框架，将该研究框架运用到汇率变化对我国给美国出口商品价格带来的传递效应的实证研究。实证结果发现人民币汇率变化对出口商品价格的传递效应并不高。中国人民银行营业管理部课题组（2009）应用1997

年至2008年的月度数据研究国际石油价格波动和人民币名义有效汇率波动等外部冲击，对我国国内物价水平指数以及各种分类商品价格指数的传递效应。分析表明，汇率变化的传递效应具有不完全性、滞后性且沿价格链条逐渐下降等特征，另外，也发现对不同类别商品的价格指数的传递效应具有显著差异性。

李雅丽（2009）以我国出口商品价格的变化作为背景研究2005—2008年汇率传导效应的特征，发现我国汇率的阶段性变化对出口贸易影响并不明显，并且对不同行业存在着异质性影响。具体而言，多数企业无法通过改变价格应对升值引起的利润变化，只能通过降低成本加以应对。吴志明、郭予锴（2010）则以2005年人民币汇改前后价格的变化作为研究对象，实证结果显示，汇率改革对工业品和消费品影响存在差异，汇改提升了汇率变动对消费品价格的影响，相反却降低了其对工业品的影响。赵彦志（2011）的研究重点放在热钱流入对汇率、价格指数的影响上。研究发现，本币升值会增加境外资金流入本国的吸引力，流入本国的热钱越多，又会增加本币升值的压力，热钱持续流入和本币升值是本国物价上涨的主要原因。

詹小颖（2012）构建了一个人民币汇率的通货膨胀传递模型研究汇改的影响，发现汇改在短期和长期影响存在显著差异。短期来看汇改提升了人民币汇率对通货膨胀存在的逆向冲击效应；而长期中，二者呈显著的正向均衡关系。曹伟和申宇（2013）采用面板数据对汇改的作用效果作了系统性的研究，他发现，2005年人民币汇改的确影响了汇率对价格水平的传递过程，通过构建一个多行业汇率指数，发现汇率变动对各行业影响存在着差异性的影响，并且加总结果显示，汇率变动并不是我国通胀产生的主导因素。

陈麟和朱莉（2016）运用协整检验的方法以及VAR模型中脉冲响应函数和方差分解的方式，以2000年1月至2015年12月数据分析人民币汇率波动对通货膨胀的影响效应。结果发现，从长期来看人民币汇率波动是影响我国通货膨胀的主要因素，人民币汇率波动对消费者价格指数的影响是显著的，人民币升值有利于降低国内的消费者物价水平；而从短期来看，汇率波动与各变量之间呈现出比较低的正相关性，即人民币汇率的升高，会引起消费者价格指数以及生产者价格指数的小幅上升。

刘津含和王晋斌（2018），采用两阶段的计量方式，对1997—2016年人民币名义有效汇率对国内进口品价格和居民消费价格的传递效应进行了实证检验。实证结果表明：近期汇率对除原油外进口品价格的传递效应为75%，接近完全传递；进口品价格对消费价格的传递效应为15%；汇率对消费价格的传递效应为5%，传递程度较低；且汇率变化率对进口品价格变化率的传递效应有4个月左右的滞后期。

陈颖悦和李文星（2019）运用省级面板数据分析了人民币名义有效汇率变动对通货膨胀影响的区域差异性，实证结果表明，本币贬值导致通货膨胀，东部地区的汇率传递效应明显弱于中部、西部地区，这使得货币政策在东部地区更为有效。

邓贵川和谢丹阳（2020）在基准当地货币定价（LCP）模型的基础上引入支付时滞建立小国开放经济DSGE模型。研究发现，引入支付时滞后，汇率不仅通过基准LCP模型下实际边际成本和汇率失调影响产品价格，还会通过汇率预期和利率影响产品价格，这使得支付时滞会加剧国内通胀和经济波动。

2.3 汇率波动与产出

2.3.1 汇率变化对产出的影响机理

肖和麦金农（Shaw和Mckinnon）认为在发展中国家金融发展程度不够是导致经济发展缓慢的主要原因，一个国家的产出增长与其释放金融抑制存在紧密的关系。因此，发展中国家普遍存在的金融抑制问题使其产出不能健康有序地可持续增长，甚至导致恶性循环。那么，发展中国家应该推行金融制度改革，包括对金融市场进行市场化改革，推行利率市场化，改革外汇市场。尽可能地实行浮动汇率制度，让外汇市场来决定汇率水平，放松对汇率的管制和干预，只有如此才能使由外汇市场决定的汇率与产出增长之间进行良性互动。

众多学者对汇率变化的产出增长效应进行了研究。在理论方面，汇率对产出增长具有正反两方面的影响，分别是扩张效应和紧缩效应。扩张效应是指在短期内汇率贬值促使出口商品的价格更有优势，而扩大了出口商品的产量，提高了进口替代品的生产，同时刺激了国内总需求的有效增长。因此，本币的汇率贬值对该国产出具有积极的效应。紧缩效应则是指一个国家汇率过度贬值，可能导致本国的外债增加，企业和政府等债务负担加重不利于企业投资和政府消费，还可能导致资本外逃国内投资所需资金不足，通货膨胀的压力增大，居民的消费水平下降以及进口厂商的成本上升等，最终使总供给下降。总体来看，汇率变动对经济增长的最终影响，可能取决于上述两方面作用力量的对比，如果汇率波动产生的扩张效应甚于紧缩效应，那么汇率贬值对本国的产出将呈现积极有利的效果；如果汇率波动产生的扩张效应不及紧缩效应，那么汇率贬值则会对该国的产出呈现出不利的抑制作用。

汇率变化实质上是两个国家货币的相对价格发生变动，而这种变动对国际贸易和跨国资本流动都有影响，进而通过投资和消费等经济活动对总产出产生作用，由此可以将汇率对经济产出的影响机制分为如下两个途径：

（1）通过对外贸易来影响经济产出，即汇率通过对外贸易的渠道影响经济产出。其中，对此渠道的研究大致分为两个方向：第一，一个国家或地区对外出口是否与经济增长之间存在因果联系，当然也可能存在反方向的关系，也就是说一个国家的经济规模的扩大促进对外出口；第二，对上述关系程度测算，比如一个国家或地区对外出口在多大程度上促进了经济增长，当然此类研究一般都认为对外出口促进经济产出，这就是所谓的“出口导向型经济增长”，汇率变化通过外贸关系最终影响到经济产出。

对于出口为何能促进经济产出，有如下三种解释：其一是凯恩斯的对外贸易乘数理论；其二是要素禀赋理论；其三是新贸易理论。从相关文献来看，存在探讨出口与经济增长关系的两个视角：第一个视角是从供给角度来分析出口对经济增长的贡献，以新古典经济增长理论为分析基础。从这一理论视角来看，一个国家的出口数量能对经济增长起到促进作用，关键在于其能影响技术进步，也就是说将出口贸易内生化至经济增长模型（比如，Balassa，1978；Feder，1983；Grossman 和 Helpman，1990）。相对应的，第二个视角是从需求角度来分析出口对经济增长的贡献，也可称为以需求为焦点的分析方法或者是后凯恩斯主义分析方法。以分析需求为焦点的经济学家指出，在总需求中出口贸易是一个国家的重要组成部分，特别在开放经济中出口贸易在一个国家的总需求中起着关键作用（比如 MeCombie 和 Thirlwill，1997）。

（2）通过外商直接投资（FDI）来影响经济产出。可以将外商直接投资视为资本、专利和相关技术的组合，外商直接投资对资本流入国家的经济增长有多方面的影响，如果一个国家所处的发展阶段不同，那么外商直接投资的作用也可能大不相同。如果东道国是一个发展中国家，那么外商直接投资流入该国可能存在如下五个方面的影响：第一，加快东道国的资本的积累，使其资本存量增大，甚至解决储蓄和外汇短缺之间的瓶颈问题，从资本形成的角度来促进经济增长（Chenery 和 Strout，1996）。第二，外商直接投资特别是具有先进技术和管理方法的大型跨国公司进行的投资，不但带来了资本，最主要的是给东道国引进了先进的生产技术和管理方法等，从而有效地促进东道国的生产效率和要素生产率，提高该国经济增长的质量，使得该国经济的工业化、市场化和国际化加快发展（Helleiner，1998）。第三，外商直接投资的引入还可以对东道国已有的人力资本、技术（或者教育）资本有促进作用，跨国公司融入东道国相对应的产业链，对该产业链的相关企业有技术溢出效应，此类企业的技术水平和组织效率通过与外贸企业的相互联系得到提高。第四，外商直接投资的引入能够带来东道国的生产要素禀赋优势发生变化，促进新的生产要素结合方式出现，加快该国的产业结构升级。第五，经济全球化已经发展到较高程度，企业进行跨国并购增长很快，以出口为导向的外商直接投资的数量也在快速增长，此类投资对于东道国来说，有利于其出口增加而与国际市场接轨，因此，由此带动的出口对该国的经济产出具有乘数效应（Sun 和 Parikh，2001）。

关于外商直接投资对经济产出的溢出效应的渠道，现有文献认为主要有如下四个：第一，由于东道国与资本流出国之间在技术上存在一定的差距，东道国的相关企业在与外资企业或者外国资本进行往来过程中，可以通过学习和模仿外资企业的生产技术和管理组织方式来提高自己的技术水平和管理能力，这被称为模仿效应（或者传染效应）（Koizumi 和 Kopeck，1980）。第二，外资企业带来的外来资本进入东道国，给东道国的相关企业带来了竞争压力，对此类企业的生产和经营效率有促进作用，也提高了东道国的经济运行效率，这被称为竞争效应（Caves，1974）。第三，外资企业在东道国的相关产业链条中，可以与相关的本地企业或客户进行经济交往，具体表现为与供应商等上游企业向后发生经济联系，以及与销售商等下游企业向前发生经济联系，这被称为联系效应（林毅夫等，2000）。第四，在无法完全物化的设备和技术上，外贸企业具有优势，通过使用本地劳动力，对本地人力资源的开发起到促进作用，这被称为培训效应（Dahlman 等，1987）。

2.3.2 汇率变化对产出影响的经验证据

关于汇率变动对经济产出影响的实证性研究，现有文献在研究方法上大体可以分为如下两类：第一类采用最小二乘法、面板数据模型法、宏观模型模拟等结构化方法，第二类为利用时间序列的向量自回归（VAR）等多方程模型的方法。

Edwards（1986）采用1965年至1980年的12个发展中国家的年度数据，以各个国家的经济产出为被解释变量，而将实际汇率、进出口贸易的条件、货币供应总量、政府支出总量等作为解释变量，构建简易方程式进行回归分析，实证研究发现，一个国家的汇率对经济产出有如下影响，首先本国的货币贬值在短期内，比如一年时间内总体表现为紧缩效应，接着在长期内，比如一年之后的时间由原先的紧缩效应发生逆转变为扩张效应。所以总体而言，从长期来看，汇率贬值对经济产出的影响应该为中性。然而，在随后的研究中Edwards（1989）以一个国家的实际国内生产总值作为被解释变量，而以名义与实际汇率、货币增长总量、政府支出总额、国际贸易条件等作为解释变量，通过选择合适的样本期和相关发展中国家的面板数据进行计量分析，结果显示一个国家的货币贬值对本国的经济产出表现为紧缩效应。

Agenor（1991）进行更加深入的研究，将一个国家的货币贬值细分为预期性贬值和非预期性贬值，以一个国家的经济产出为被解释变量，以实际汇率的当期值和滞后值、国外收入水平、货币供给总量、政府支出总额、实际汇率的实际值与预期值之间的背离值等变量为解释变量，采用国别的面板数据进行回归，实证研究发现非预期性的货币贬值对一个国家的经济产出增长有促进作用；相反，预期性贬值对一个国家的经济产出增长却有阻碍作用。Morley（1992）从供给的角度，以一个国家的生产能力为被解释变量，以货币供应量、国际贸易条件、进口增长额、出口增长额、财政结余总额等变量为解释变量，同样采用国别面板数据进行回归。实证研究发现，一个国家的实际汇率贬值可能使经济产出能力下降，但是这种影响至少需要两年以后才能完全得到体现。

Rodriguze和Diaz（1995）以秘鲁的经济数据为研究对象，通过经济产出、实际工资、汇率贬值、通货膨胀率、货币增长和索洛残差六个经济变量构建VAR模型，实证研究结果表明，秘鲁的经济产出增长主要来源于自身产出水平冲击，但是一个国家的汇率贬值冲击对经济产出有负面影响。Kamin 和 Rogers（2000）以美国 1981 年至 1995 年的季度数据为研究对象，构建包含经济产出增长率、实际汇率变化率、通货膨胀率 3 个内生变量和以利率为外生变量的 VAR 模型，实证研究发现，美国这段时间的经济产出变化主要来源于以前的产出冲击，并且如果发生永久性汇率贬值，将对经济产出产生持久性的负面影响。

在研究汇率变化对经济产出影响的国内文献中大多以实际有效汇率为研究对象。陈国伟和夏江（2002）构建单方程的协整模型，以中国的年度数据实证发现，人民币实际汇率贬值，中国的经济产出略微上升。何新华和吴海英（2003）以中国的季度数据实证发现，人民币升值，经济产出略微下降。李建伟和余明（2003）以盯住汇率和资本流动管制为制度背景，在理论上发现，人民币贬值导致货币扩张而使经济产出上升。以中国 1995 年 1 月至 2003 年 6 月的月度数据为研究对象，实证研究发现，人民币实际有效汇率上升而经济产出下降；反之，人民币实际有效汇率下降而经济产出上升。

何新华等（2003）通过中国的季度数据模拟分析发现，人民币升值虽然对中国经济产出的影响有限，但总体上仍然是负向影响，依此建议采取渐进式的人民币升值，而不是突然大幅度升值。李未无（2005）认为人民币实际汇率与经济产出之间虽然存在三种可能的关系，虚假相关、逆向因果和正向因果，但是实证分析表明，在长期人民币实际汇率贬值与 GDP 增长率之间为均衡关系，存在虚假相关性，而格兰杰因果分析说明，人民币实际汇率贬值与中国经济产出增长为正向因果关系。

魏巍贤（2006）运用 CGE 模型模拟人民币升值冲击的影响，研究发现，人民币升值对中国经济产出有非线性的负向影响，并使进口上升而出口下降，国内就业状况恶化，其中劳动密集型的制造业受到的就业冲击比较大。卢万青和陈建梁（2007）运用中国 1995 年至 2005 年的数据研究人民币汇率与经济产出的关系，研究发现，在特定范围内人民币升值对经济产出的影响很小，但是如果人民币大幅上升，那么经济产出将显著下降，而相对应的弹性系数为0.12。赵永亮（2010）以中国的人民币汇率和经济产出的时间序列数据为分析对象，研究发现，人民币实际汇率与经济产出之间存在单向格兰杰因果关系，其中，人民币实际汇率上升对经济产出的水平值有持久的负面影响，弹性系数范围为0.3~0.4，而有效汇率升值对经济增长率只有短暂的负作用。

张晗和何祚宇（2014）以金砖五国与G7国家为研究对象，分析实际有效汇率与CPI和名义GDP的格兰杰因果关系，研究发现，不同国家表现出不同的特征，其中，中国的汇率与CPI存在双向格兰杰因果关系。肖卫国等（2015）运用动态随机均衡模型，对汇率传递效率进行区分，模拟美国货币政策对中国经济产出的冲击，研究发现，如果人民币汇率传递率越低，那么美国货币政策对中国的通胀率、利率和产出的影响越小。

邓贵川和彭红枫（2019）通过构建一个本币定价和外币定价共存的开放经济动态随机一般均衡（DSGE）模型，分析厂商自由选择定价货币对宏观经济周期的影响。研究结果表明，相对于定价货币不可变的情形，本币定价比例随汇率自由变动会降低产出缺口，而央行货币政策对汇率作出反应则可以进一步降低产出缺口。

吴周恒和杨静（2020）通过运用TVP-VAR-SV模型分析1996年1月至2019年8月的月度数据发现，随着汇率浮动程度提高，汇率对经济周期的自动稳定器效应大于汇率贬值的产出刺激效应，汇率波动对国内产出的传导效应减弱。

周晓波和陈璋（2020）从全球价值链视角，建立典型的两部门非竞争型投入产出模型，发现汇率升值将提升每单位外国最终需求所拉动的本国增加值，但增加值出口的最终影响方向还取决于外国最终需求价格弹性的相对大小，中间产品贸易规模上升是汇率与出口呈现出弱相关性的原因，本国和外国在生产中使用对方中间产品的比例都将影响到增加值出口。

2.4 研究评述

2.4.1 关于汇率波动对贸易收支影响的评述

从现有研究汇率与贸易的相关文献来看，此类研究主要侧重理论层面和实证检验两大方面。而在研究结论上还没有形成一致的观点，例如，汇率波动是否会阻碍国际贸易这一观点仍存争议。

通过比较研究发现，现有文献的研究结论不一致，可能出于以下四个方面的原因：

第一，不同研究设定的理论模型有差异。理论假设是模型设定的关键，不同的理论假设一般与现实中不同的经济环境相对应，而汇率变化处于不同经济环境所产生的贸易影响自然不相同，因此，模型设定上的差异可能得到不同的结果。

第二，研究的视角不同。针对同一个问题采用不同的研究视角，就会使所研究的数据有不同的特征，比如选取的数据的时期、地域、行业和频度不一样等，因此，基于以上因素的差异很可能得出不同的研究成果，这也体现了基于不同视角来研究同一问题的重要性。特别地，研究数据所表现出的不同特征，与某一特定经济环境相匹配，正如理论分析所言，不同的经济环境将有不同的理论模型设定，而得出不同的研究结论，而不同特征的研究数据所得出的结论，检验了理论分析的科学性，这也与客观实际相吻合。对现有文献得出不一致的结论，应该从理论和数据特征两方面来分析其所反映的经济环境特性。

第三，关键变量的度量问题，如汇率波动如何度量。汇率波动反映着汇率变化的不确定性及汇率风险，然而在具体的实证分析中，不同的汇率波动测度方法所得到的数据存在差异性，因此可能对分析结果产生较大影响。另外，采用名义汇率和实际汇率的数据得到的分析结果也可能不一样。

第四，实证检验方法的差异性。在具体的检验方法上，虽然可用的方法比较多，但几乎不存在通用的方法。实证分析中需结合具体背景选用合适的实证方法，而且所选方法必须与模型设定和数据属性相匹配，方法选择不当将会给研究结论带来很大影响。

2.4.2 关于汇率变化对通货膨胀影响的评述

关于汇率的价格传递的研究，国外的研究主要侧重于对汇率不完全传递的原因解释及其对宏观经济的影响方面。对于汇率不完全传递的原因，大多数分析基于不完全竞争市场条件，从需求和供给、微观和宏观等不同维度解释和分析。而对汇率不完全传递的经济效应的研究主要包括对宏观经济和货币政策的影响两个方面，这些研究为我们在汇率不完全传递条件下重新审视经济变量之间的相互关系提供了新的视角。而国内关于汇率传递效应的研究主要集中于对进出口价格和国内价格的传递效应上，使用的方法多种多样，包括常规的 OLS 估计、分布滞后模型、时间序列中的协整模型、VAR 模型等，估计具体的传递弹性，包括总体的以及分类商品的数据。研究结论多倾向于支持汇率不完全传递的存在。目前的研究呈现出如下特点：

第一，研究越来越细致和深入，对于汇率传递弹性的计算已经细化到行业层面甚至是产品层面，研究中数据的要求也更为严格。

第二，关注汇率传递在不同商品中的差异性。研究开始逐渐意识到汇率对不同类别商品的差异性。整体性的研究无法有效地体现差异性，一旦细分到具体商品时差异性就开始不断体现出来了。

第三，对进出口价格的决定模型进行更深入的完善。如有些研究者开始放松一些假设前提条件，引入关税、退税等因素，以期更深入地分析汇率对价格的影响效应。

第四，研究方法比较成熟和多元化。具体方法既有单方程模型，又有多方程模型，估计的汇率传递弹性既有长期的也有短期的。

2.4.3 关于汇率波动对产出的影响评述

汇率波动与产出的关系在理论研究上比较复杂，从梳理的文献来看，汇率波动可以通过贸易和投资等渠道来影响产出，并且这些影响渠道的力度和发挥作用的时间可能存在差异，特别是，在某些情况下可能影响方向并不一致，因此，汇率波动与产出关系的研究相对比较复杂。虽然，现有文献对于汇率波动与产出的关系进行了大量的研究，但是对两者的关系仍然存在一些争议，我们可以将争议的焦点概括为两个方面：

第一，实证分析中汇率变动和产出哪一个是外生变量的问题，现有文献有不同的处理方式，处理方式的不同直接关乎两者之间的关系。例如，如果以汇率波动为外生变量，那么可能得出的结论是汇率影响了产出；如果以产出变化为外生变量，那么可能得出的结论为产出决定了汇率。

第二，现有文献对汇率与产出的正负关系也得出不同的结论。一种观点认为，汇率贬值通过增加出口进而带来产出的增加。而另一种观点认为，短期内汇率贬值会带来国民收入水平的下降进而带来进口需求的减少，并且货币的过度贬值会形成通货膨胀并对稳定经济增长产生很大的威胁。当然，也有部分学者认为两者之间没有明显的关系。

现有研究之所以不能形成统一的结论，原因主要在两个方面：其一，经济变量之间的相互影响关系错综复杂，单独拿出两个变量来研究二者的关系其实比较困难，也容易产生偏误。特别是这些变量之间的影响并不是独立的，并且，汇率波动对产出的影响可能存在着多种且方向不一致的渠道，两者之间的实证关系可能更加复杂。其二，研究对象的差异性带来研究结果的不同。研究者在具体研究中，往往是基于特定的制度背景和国家进行的，所用数据也具有较大差异性，因此得到不同的结论就比较正常了。中国的经济体制与国外不一样，国外的一些研究结论对中国可能并不适用，因此基于中国现实数据的研究便极具实际意义。

人民币有效汇率的度量及其波动特征 3

3.1 人民币汇率体系及演变历程

本章重点对我国人民币汇率体系和发展变化进行分析总结，而所选定的数据为1949—2015年的相关数据。所谓汇率体系主要指的就是相关的汇率制度和外汇管理体制的一系列规则和设计，它的主要功能是维护外汇交易的公平以及外汇资源配置的合理，从而使我国的经济效益得到平稳的发展。从整体上来讲，各个国家的汇率制度互不相同，且各具特色，主要指的就是某一个国家的货币对自己国家货币汇率发展所制定的相关制度。另外一个概念就是外汇管理，所谓外汇管理指的就是某一个国家政府机关对与自己国家相关的外汇经济状况进行监督和管理。而以上两者并不是相互独立的，而是相辅相成，共同发挥作用的，具体表现为以下两点：其一，如果汇率制度想要得到更好的实施，那么就必须借助完善的外汇管理；其二，如果外汇管理体制想要得到更好的体现，那么就必须依靠良好的汇率制度。

为顺应我国经济发展的需要，人民币汇率制度经历了一系列的变革，这和当时的经济形势、政策目标息息相关。自1949—2018年汇率制度发生了不断的变化，按照改革的力度可以将汇率制度的变革分为三个不同的阶段：第一阶段为新中国成立以来的计划经济时期，1949年起的30年间，我国实行着严格的计划经济制度，对汇率的管理也保持着单一的汇率制度。改革开放至 1993 年汇改这段时间是我国汇率制度的第二阶段，此时期我国在原有外汇制度的基础上又增加了新的管理制度，并且形成了与之相应的管理模式，也即当时所实行的计划经济和市场经济的双轨制度；从 1994—2018 年为汇率制度变革的第三个阶段，我国人民币汇率制度在这个时期发生了重大的改革，主要将已经存在的市场供应关系作为基本条件，然后结合一篮子货币的相关内容，汇率不再完全固定为某个水平，而是具有一定的浮动区间。可以认为，我国的汇率制度经历了从固定汇率制不断地向浮动汇率制度前行的过程。党的十八大以来，持续推进人民币汇率制度改革，不断优化人民币汇率中间价报价机制，强调要加大参考一篮子货币的力度，以更好地保持人民币对一篮子货币汇率的基本稳定，后来又进一步引入了一篮子货币以及逆周期因子。

3.1.1 计划经济时期（1949—1978 年）

1. 将该阶段的汇率制度分为三个小阶段：

（1）在新中国成立初期经济制度较为混乱的背景下，自 1948 年人民银行成立起，我国实行过为期五年的自由汇率制度。我国在 1948 年 12 月 1 日对货币进行了统一，并且将此命名为人民币，开始正式发行使用。但是在设定货币汇率的时候并没有按照两国货币的同等价值进行兑换，而是按照当时的物价水平来对货币汇率进行制定，这种汇率制度被称为市场化汇率制度。1950 年 7 月 8 日，新中国成立一年后，我国经济状况得到了稳定，财政制度也进行了统一。从 1950 年 3 月至 1952 年底，国内物价由上涨转变为下降，并且美国对我国采取封锁措施，为促进进口只得降低汇率。在这一时间段，国内外物价水平的变动实际上影响了我国汇率水平的变动，因此可以认为此阶段我国汇率制度具有自由浮动的特征，但严重的通货膨胀又使人民币汇率变动十分频繁且波幅巨大。我国在 1953 年开始全面进入计划经济时代，旧汇率制度体系则与新实行的经济体制存在很大的差异，从此我国汇率制度开始进入到第二个时期，即高度集中的固定汇率制度时期。

（2）人民币汇率的基本稳定阶段。从 1953 年经济体制改革以来，我国发展也进入新的阶段，即社会主义改造阶段，现阶段已经完成了对私营进出口商的改造，因此开始转向对外贸公司的改革，在改革的过程中主要根据国家计划执行，即进出口统筹计算的制度体系。另外，当时紧盯美元的汇率制度让世界各国的汇率保持了相对的稳定状态。为了保持人民币的基本稳定，也按照汇算成本进行换算，当外国货币发生增值或者贬值的时候，我国汇率也进行相应的调整。计划经济制度作为当时我国的基本经济理论，同样显著影响了我国汇率制度的制定，此时期的汇率由国家统一调控，完全忽视了汇率对经济结构的调节作用。外贸企业在这个时期所产生的盈亏则直接由国家的财政部对其进行平衡，对于在外汇过程中得到的收入则以一定的价格卖给国家，对于在这个过程中所产生的支出则由国家对此进行统一分配，这样做的目的是使人民币汇率脱离国内外的物价水平波动。通过分析总结可以发现，各国汇率在 1973 年之前处于相对稳定的状态，我国人民币在这一时期也保持了稳定。

（3）盯住一篮子汇率制度，调整频繁。第三个时期是 1973—1978 年。以布雷顿森林体系的破灭为标志，发达国家的汇率制度普遍从固定汇率制向浮动汇率制转变，美元汇率在这时出现了较大的波动，当时西方经济出现逐渐衰退的状况，这势必会对我国经济产生影响，为了避免发生这一状况，并且最大程度保证人民币汇率的稳定，我国采取了一篮子货币汇率制度，并且在此基础上又对人民币外汇价格进行了重新调整和计算，而在这个过程中所坚持的基本原则是：以稳定的人民币汇率水平作为前提条件；始终坚持平等互利的对外经济贸易往来，同时要大力促进对外贸易的发展；人民币汇率制度进行改革的过程中要不断参考国际上具有代表性的货币。但是准货币和权重在货币汇率改革的过程中发生相应的改变，而人民币在该条件下也会发生不断的波动，比如最突出的就是1978年人民币对美元汇率的变动，其变动次数高达60多次。而实施一篮子货币制度则具有很大的优势，减缓国际市场对人民币汇率的影响，另外在维持本国货币稳定性的前提条件下，还可以使外贸企业对成本的核算和预测更加简单和方便。但同时该种方法并非完全有利于经济的发展，由于盯住汇率制币种的选择和权数的确定缺乏客观依据，这样汇率水平的合理性就是失去了基本的保障；另外，在国内外市场价格中出现了较大的偏离状况，而汇率的作用逐渐减弱，唯一保存的则是外贸核算作用。

2. 改革开放前我国的外汇管理体制特点如下：

（1）通过行政指令调节外汇收支的调控制度。在这一时期内，任何人或者单位都不得持有外汇，个人或者单位所得到的外汇收入都归国家所有，而对于支出的货币，国家则以两种不同的形式对其进行分配，分别是计划和审批，在具体实施的过程中两种方式相结合进行分配。中央和地方各个部门的外汇收支均在相关部门的监督管理下开展，并且均有与之相应的编制，而全部的外汇收支则归国家计划委员会统一管理。

（2）贸易外汇与非贸易外汇的集中管理。在该时期内，我国所有外贸活动的权利均归国营进出口企业所拥有，而外汇收支则由人民银行代为管理。这一时期，我国政府先后推出了多项外汇管理制度，相关政策规定非贸易企业不得持有外汇，其所持有的外汇资产必须售予中央银行进行统一管理。

（3）设置特定银行管理相关外汇资产。在20世纪50年代初期至中期三年期间，我国共有53家银行获得了经营外汇业务的权利。也就是说在我国开始实行改革开放之前，外汇体制所实行的主要形式是计划和行政管理相结合，在这种制度条件下，我国实现了对外汇资源的控制，与此同时，还对国际范围内货币的平衡和稳定起到了积极的推动作用。但是，毕竟该时期仍属于计划经济体制，市场调节在这种经济体制下得不到更好的应用，这样外贸企业的积极性就不能被调动起来，我国的外贸发展也因此受到很大的限制。

3.1.2 经济转轨时期（1979—1993 年）

我国在 1978 年对外实行改革开放之后，计划经济时期制定的固定汇率制度不能发挥应有的作用，而在该时期急需解决的问题就是出口亏损的错估。1979 年 8 月我国开始针对外贸体制进行改革，在改革的过程中涉及很多方面的内容，比如进出口管理制度改革、外汇管理体制等。为了扩大出口量，平衡外汇收支，我国开始实行外汇留成制度。1981—1982 年，换汇成本的变化非常微弱，几乎维持在不变的状况下。到 1985 年初，我国又撤销了内部结算价。1985—1990 年，我国对汇率进行了多次调整，通过汇率贬值来提高出口，并且对国际收支平衡起到一定的促进作用。1988 年，我国则重点对外贸体制进行了改革，开始实行承包责任制，而政府对企业的补贴也逐渐减弱，到最后完全取消。但是外贸核算问题一直不能得到有效的解决，从 1988 年 3 月开始，我国各个地区建立独立的外汇调剂中心，放开了市场调剂汇率，弥补出口损失，限制不必要的商品进口，施行双重汇率制。在此时期，我国国内的物价稳定，但是美元的汇率却处于不断升值的状况，我国对外贸易收支也随西方发达国家经济的发展而得到提升，外汇储备数量大幅增加。

双重汇率制度在发挥积极作用的同时也出现了很多缺点，其一，这种制度在使用的过程中没有明确的界限，一直处于混乱的状态，这在一定程度上打击了非贸易部门的积极性，直接导致我国承担巨大的财政负担，增加了我国外汇管理复杂度；其二，这种汇率制度对企业之间的公平竞争产生了阻碍作用，因此内部结算价的实行注定只能是过渡时期的应急措施。

在这一阶段，我国的外汇管理制度从以下方面进行了相应的改革：

（1）逐步建立和完善新的外汇资产留成制度。改革开放之前，我国所采取的外汇资金统一分配制度，在国家的发展过程中存在着诸多的问题，最突出的就是不能对创汇企业进行鼓励和引导，而外汇资源的优化配置也会因此受到很大的影响。因此我国开始对外汇管理体制进行改革，推出新的外汇留成制度，建立该制度之后，国家允许相关的企业保留其所持有的部分外汇资产，以应对其在日常经营中所面对的结算问题，当企业所持有的外汇资产存在空闲时，可将多余资产放入外汇调剂市场，与外汇紧缺企业进行交易。

（2）放开多种金融机构的外汇业务经营权。在改革开放之前，我国只有中国银行拥有外汇业务的权利，但是自从改革开放得到全面开展之后，这种局面则被一些专门从事外贸交易的外贸企业所打破。在该时期出现了很多外贸公司，外汇交易参与主体不断增多，总交易规模也在不断上升。此时，中国银行已无法满足逐渐扩大的市场需求，管理部门因而逐步放开了相应的银行外汇业务，在此之后，我国很多商业银行和金融机构获得经营外汇业务的权利。

（3）境内居民获得外汇的权利。我国居民可以从多方面获得进行外汇办理的权利，并且居民可以办理个人购汇的业务。自 1985 年以来，我国居民所需的外汇业务均可以通过自己的个人账户进行办理。在 1988 年，我国有些地区针对居民提供外汇调剂业务，居民可以将自有的外汇在市场上进行结算，促进了当时外汇市场的正常有序发展。

（4）尝试发行外汇兑换券。在 20 世纪 80 年代中期，我国开始发行外汇兑换券，而国外的人也可以按照兑换方法来兑换我国发行的外汇券。如果所换取的兑换券没有使用，那么也可以带出中国，但是这些外汇在使用的过程中会受到一定的限制，比如只能在国家赋予权利的地方使用。另外，也可以将外汇券在此兑换成外汇，但是在兑换的过程中并不是等价兑换，而是以原有价值的一半进行兑换。而获得外汇券的一方在获得之后则不能自己持有，而是将其存入指定的银行。

整体而言，此时期我国外汇管理制度具有以下特征：第一，放开了对经常账户的响应管制，外汇留成制度的推广增加了企业持有外汇资产的自由度，也提高了企业的创汇主动性和积极性，我国的外汇储备规模也随之上升。第二，资本与金融账户的管理模式也在不断改进，建立了很多与之相应的管理制度，比如监测体系、跨国外汇管理体制、外汇风险审查体制等，我国外汇市场不断优化发展。在1979年和1993年之间，外汇调剂市场在我国得到了快速发展，为我国外汇交易市场的探索和设立打下了扎实的根基。

3.1.3 社会主义市场经济时期（1994年至今）

我国在1993年召开了党的十四届三中全会，制定了建立社会主义市场经济体制的总体规划。1994年，我国便开始实行一系列体制改革，其中，对外汇体制也进行了重要改革，这一阶段的外汇制度又可以分为三个时期：

（1）1994—1997年，人民币汇率并轨，实行有管理的浮动汇率制度。从1994年初开始，对人民币汇率实行并轨。1993年12月31日，人民币官方汇率和市场汇率分别为1美元兑5.80元和8.70元人民币。从1994年初开始我国汇率制度发生了翻天覆地的变革，逐渐推行单一汇率制度，人民币与美元兑换的汇率也得到了确定，分别为8.7元人民币可以兑换1美元，这一兑换制度的确定就预示着有管理的、可浮动汇率制度的确立。人民币在形成的过程中涉及很多问题，而银行间外汇市场的逐步完善对其起到了积极的推动作用。所涉及的具体操作过程非常复杂，在最终确立人民币对外币兑换市场价格之前，我国具有外汇交易资格的银行需要先对企业的结汇状况进行详细的分析总结，得到数据之后，中国银行再对这些数据进行处理分析，将前一天银行的营业额作为底数，经过加权之后，计算出人民币的基准汇率，并将此及时公布出来，而具有外汇资格的银行在此基础上以基准汇率进行人民币与其他货币的计算，得出相应的汇价。在这个过程中避免了很多不必要的错误信息，最终在全国范围内得到具有权威的统一汇率。也就是从这个时候开始，人民币开始了逐步的贬值过程，自1996年底，我国逐步放开了对人民币兑换业务的严格管制，从此，人民币自由兑换逐步放开。

（2）1998—2005年，实行事实上盯住美元的汇率制度。在1997年亚洲爆发了震动世界的金融危机，世界上很多种货币开始贬值，我国人民币也因此受到一定程度的影响，为了避免金融危机的持续恶化，我国央行对此进行干预，对外称人民币汇率不贬值，为此央行对外汇市场进行了强有力的干预，才使得人民币对美元的汇率保持稳定。2001 年，人民币汇率不再有贬值压力，因为贸易顺差的原因，人民币开始转向升值，为了继续保持汇率的稳定，央行再次出手对外汇市场进行干预，继续维护人民币汇率的稳定。王水林、黄海州（2005）认为，从 1994 年到 20 世纪后期，我国采取紧盯美元的汇率机制，非常有利于我国对外出口贸易的增长，促进了经济发展，经常账户也开始长期表现为顺差。但与此同时，这一贸易状况也导致了我国大量的资源消耗，环境污染问题日益严重，并对相关行业的发展带来负面影响。中国作为世界加工厂，所带来的实际收益非常有限。

（3）2005—2015 年，人民币汇率迈向真正的浮动汇率制度。我国在 2005 年发布了关于完善人民币汇率形成机制改革的重要公告，标志着我国人民币汇率制度开始进行重大改革。这个改革彻底改变盯住单一美元的汇率政策，改为参考一篮子货币，建立以市场供求为基础、具有可调节、有管理的人民币汇率体制。随后，2006 年 1 月，我国央行增加市场交易主体，逐步放宽进入外汇市场的门槛，允许符合条件的非银行金融机构和非金融性企业，进入银行间外汇市场参与交易；又将做市商的相关制度引入银行间外汇市场的管理体系，大幅度降低了交易费用，并增加汇率弹性、增加外汇市场交易品种、有序拓宽资本流出入渠道等。2008 年受国际金融危机影响，为稳定外贸出口，我国基本保持人民币币值稳定。2010 年，我国再次启动汇率改革，在 2005 年改革基础上，公布外汇市场汇率浮动空间，增强汇率弹性，加强人民币双向波动管理。2012 年 4 月，央行将人民币兑美元汇率浮动幅度由 0.5% 扩大至 1%。2014 年 3 月，央行再次将银行间即期外汇市场人民币兑美元交易价浮动幅度由 1% 扩大至 2%。2015 年 8 月 11 日，我国央行发布了关于完善人民币兑美元汇率中间报价的声明。自此，银行间外汇市场收盘汇率成为做市商在新一交易日对汇率报价的主要参照因素，同时国际外汇市场汇率波动情况，我国外汇市场供需情况也会对报价产生部分影响。这一系列的汇率改革动作，显示了不断深化改革汇率体制，不断完善汇率市场机制，汇率改革将在市场化的方向下持续推进，为推动人民币国际化，为实体经济平稳增长保驾护航（见图3.1）。

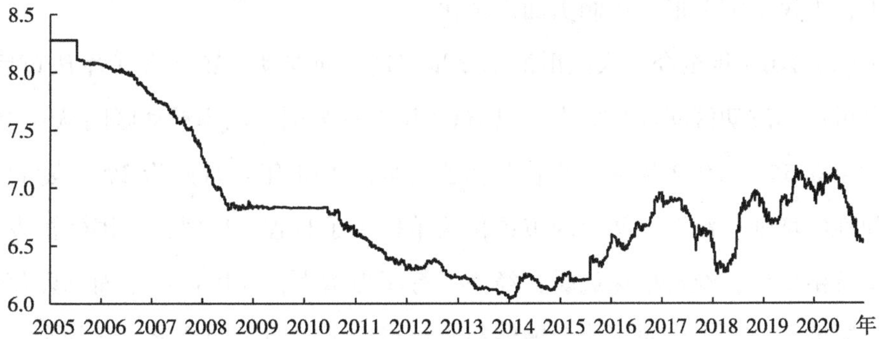

图3.1　2005年汇改以来境内美元兑人民币即期汇率走势

（数据来源：Wind）

图3.1表示人民币与美元兑换的汇率变化，从该图可以得到以下四点：第一，在2005年汇改到2008年之间，人民币对美元单边快速升值，美元兑人民币名义汇率从8.1111贬至6.8169，人民币兑美元升值18.99%，主要原因是汇改前若干年人民币升值压力的集中释放。第二，在2008年到2010年之间，我国人民币与美元兑换的汇率维持在稳定的范围内，反映了即使国际金融危机爆发，人民币汇率依然保持着相对稳定。但是，这一阶段由于政府刺激政策的效果，我国积累了大量的贸易盈余，也对人民币形成了一定的升值压力。第三，从2010年6月至2012年4月，此阶段表现为人民币对美元再次单边升值，美元兑人民币名义汇率从6.8270贬值至6.3058，人民币升值幅度达8.26%。此阶段人民币升值主要是由于全球经济从危机中复苏，外需强劲，导致我国经常账户盈余的持续快速积累，进而出现人民币升值压力再次释放。但是，随着中国人口结构和经济结构不可逆转的变化，人民币已

经失去了持续大幅升值的基础。第四，从2012年4月至2015年，人民币汇率大幅双边波动。2012年后美元开始变得强劲，人民币实际有效汇率的持续上涨给我国出口行业带来了越来越大的压力，中国宏观经济增速也出现了下滑，同时人民币国际化进程加快。2014年1月，人民币结束了单边升值的趋势，开始筑底贬值，出现了2005年汇改以来的拐点。在多重因素的共同作用下，人民币汇率形成机制更加市场化。

（4）2015年至今，人民币汇率逐步实现双向浮动。2005年汇率改革后，人民币汇率波动区间逐步放大。以2007年5月为例，汇率浮动区间从0.3%增大至0.5%，2012年4月再次扩大至1%，2014年4月则为2%。随着汇率弹性的增强，汇率中间价的市场化改革提上了日程。同时，我国经济发展环境发生变化，经济增速放缓，经济下行压力增大，人民币汇率面临贬值压力。党的十八大报告对深化金融体制改革提出了很明确的要求，党的十八届三中全会提出加快实现人民币资本项目可兑换，“十三五”规划纲要又提出有序实现人民币资本项目可兑换，提高可兑换、可自由使用的程度，稳步推进人民币国际化，推进人民币走出去。2015年8月11日，中国人民银行宣布对中间价报价机制进行改革（以下简称“8·11汇改”），包括两个方面：一是做市商在对人民币兑美元中间价报价时主要参考上一交易日的汇率收盘价；二是8月11日当天央行一次性将人民币兑美元汇率中间价贬值1136个基点。

“8·11汇改”引发了较强的市场波动，中国人民银行在此后及时调整汇率中间价形成机制以稳定市场。2016年2月，新的人民币汇率中间价的定价公式面世，即“中间价＝上一交易日收盘价＋一篮子货币汇率变化”。2016年下半年，人民币贬值压力再次增加。2017年5月26日，中国人民银行宣布引入“逆周期因子”，由此形成了现行的“上一交易日收盘价＋一篮子货币汇率变化＋逆周期因子”共同决定的汇率中间价形成机制。至此，人民币汇率开启了双边浮动模式。

3.2　人民币有效汇率的度量

3.2.1　有效汇率测算的国际比较

有效汇率指数（Effective Exchange Rate Index，EER）是将本国及与该国在外贸上具有相互贸易国家的货币进行汇总，共同组成一个货币篮子，然后在此基础上对双方货币的汇率进行加权计算，最终得到一个与之相应的加权指数。另外，该指数还可以针对某一个国家货币对外购买的能力进行衡量，是反映该国购买力的一种体现，因此在国际上得到了各个国家的一致认可，并得到了广泛的使用。本节针对该指数展开相关性研究，从样本数据选择、权重计算等方面，介绍国际主要中央银行的汇率计算方式，希望可以从中得到启示，为构建人民币有效汇率指数提供经验借鉴。

（1）构建指数的公式。从表3.1中可以看到，国际清算银行与欧洲央行在进行有效汇率计算时，采用了较为相似的计算方法，而美国所采用的公式与二者则不相同。

表3.1　　各机构编制有效汇率采用的公式

公布机构	计算公式及说明
国际清算银行	公式：$NI_t = \prod_{j=1}^{N}\left(E_{i,j,t}\right)^{W_j}$；　$RI_t = \prod_{j=1}^{N}\left(\frac{P_{i,t}}{P_{j,t}}E_{i,j,t}\right)^{W_j}$
	说明：NI_t 为第 t 期 i 货币相应的名义有效汇率指数；RI_t 是实际有效汇率指数。其中，I_t 指的是第 t 期 i；在计算本国 i 货币的有效汇率指数时，将此记为 N，样本国 j 的数量（$j=1，2，3，\cdots，N$）。$E_{i,j,t}$ 代表 i 国货币与 j 国货币在以间接标价法计算的双边名义汇率；W_j 代表 j 国货币权重；$P_{i,t}$ 代表 i 国特定 t 时期商品价格水平；$P_{j,t}$ 是指 j 国在第 t 期的商品价格水平。

续表

公布机构	计算公式及说明
欧洲中央银行	公式：$NI_t = \prod_{i=1}^{N}\left(E_{i,euro,t}\right)^{W_i}$； $RI_t = \prod_{i=1}^{N}\left(\frac{P_{euro,t}}{P_{i,t}}E_{i,euro,t}\right)^{W_i}$
	说明：NI_t 为第 t 期欧元（euro）的名义有效汇率指数；RI_t 为第 t 期欧元的实际有效汇率指数；N 为计算欧元有效汇率指数时，样本国 i 的数量（$i=1, 2, 3, \cdots, N$）；$E_{i,j,t}$ 代表 i 国货币与 j 国货币在以间接标价法计算的双边名义汇率；$P_{i,t}$ 是指 i 国在第 t 期的商品价格水平；$P_{euro,t}$ 代表欧元区在第 t 期的商品价格水平。
美联储	公式：$NI_t = NI_{t-1} \times \prod_{j=1}^{N}\left(\frac{E_{j,t}}{E_{j,t-1}}\right)^{W_{us,j,t}}$；$RI_t = RI_{t-1} \times \prod_{j=1}^{N}\left(\frac{E_{j,t} \times P_t/P_{j,t}}{E_{j,t-1} \times P_{t-1}/P_{j,t-1}}\right)^{W_{us,j,t}}$
	说明：NI_t 为第 t 期美元（US）的名义有效汇率指数；RI_t 为第 t 期美元的实际有效汇率指数；N 为计算美元有效汇率指数时，样本国 j 的数量（$j=1, 2, 3, \cdots, N$）；$E_{i,j,t}$ 代表 i 国货币与 j 国货币在以间接标价法计算的双边名义汇率；W_j 代表 j 国货币占有权重，$P_{j,t}$ 代表 j 国物价水平；P_t 代表同一时期的美元物价水平。

（2）样本选择。国际清算银行对样本货币进行清算的过程中主要涉及两种不同的汇率制度，其中一种是狭义体系，另外一种是广义体系。其中前一种体系起源于 1964 年，包含美国、法国、希腊、意大利、比利时等 27 个发达经济体；广义体系开始于 1994 年，增加亚洲、中东欧、拉丁美洲的 32 个新兴市场经济体，一共 61 个经济体。与国际清算银行一样，欧洲中央银行同样设计了狭义与广义两套有效汇率体系。狭义体系囊括的国家以与欧元区有紧密经济联系的贸易国，由初始的 13 个样本国扩容到 20 个样本国；广义体系则增加了近年来处于转型中的新兴市场国家，目前一共有 40 个样本国。并且，欧洲中央银行在选择样本国时主要是基于三个方面：一是样本国与欧元区之间的贸易数额及重要性；二是样本国的通胀水平；三是样本国相关数据的可获取性。这与国际清算银行和欧洲中央银行存在很大的差异，其中美联储在对有效

汇率指数进行设定的过程中牵涉到多种不同的指数，其中主要分为四种不同的类型，即广义有效汇率指数、主要货币指数、G10 指数、其他重要贸易伙伴指数。各个机构编制的有效汇率指数所包含的样本国见表 3.2。

表 3.2　　各机构编制有效汇率指数指标体系

机构	指标体系及样本国家和地区
国际清算银行	狭义体系：美国、西班牙、挪威、瑞士等 22 个发达市场；新加坡、中国台湾、墨西哥等 5 个新兴市场。 广义体系：美国、法国、日本、意大利、德国、荷兰、瑞士、卢森堡、冰岛、以色列等 29 个发达经济体；新加坡、中国台湾、韩国、中国、巴西、哥伦比亚、波兰、俄罗斯、南非等共 32 个新兴经济体。
欧洲中央银行	狭义体系：美国、日本、中国、英国、波兰、丹麦、保加利亚等共 20 个； 广义体系：美国、新加坡、中国香港、英国、罗马尼亚、保加利亚等 20 个狭义体系中样本国，阿根廷、印度、马来西亚、新西兰、俄罗斯、委内瑞拉等共 20 个广义体系另外包括的样本国。
美联储	广义美元有效汇率指数：加拿大、英国、瑞士、韩国、中国台湾、新加坡、俄罗斯、智利、菲律宾、委瑞内拉等共 26 个国家和地区； 主要货币指数：加拿大、英国、瑞士等共 7 个国家或地区； G10 指数：加拿大、英国、瑞典等共 6 个国家或地区； 其他重要贸易伙伴指数：中国、巴西、印度、中国香港、俄罗斯、以色列、哥伦比亚、菲律宾等共 19 个国家或地区。

注：以上资料来源于，国际清算银行，www.bis.org；欧洲中央银行，www.ecb.int；美联储，www.federalreserve.gov。

（3）权重的确定。

国际清算银行。国际清算银行对 j 国的总权重进行计算的过程中，首先作出假设，设除 i 国之外还有 N 个国家。而 j 国就是所指的样本国家，另外设定 $j=1, 2, 3, 4, 5, 6, \cdots, N$。$k$ 代表其他国家，其中 $j=1, 2, 3, \cdots,$

N，之后可分别计算进出口权重 W_j^m 和 W_j^x 。

j 国的进口贸易权重可以有式（3.1）计算得到：

$$W_j^m = \frac{M_{i,j}}{\sum_{j=1}^{N} M_{i,j}} \tag{3.1}$$

其中，$M_{i,j}$ 代表 j 国对 i 国的出口规模。

国际清算银行对一国出口权重 W_j^x 进行计算时，通常假定该国的出口权重与第三国效应权重相等，此时出口权重可由式（3.2）计算得到：

$$W_j^x = 0.5X_{i,j} + 0.5\tau_{i,j} \tag{3.2}$$

其中，直接出口权重 $X_{i,j}$ 表示为

$$X_{i,j} = \left(\frac{X_{i,j}}{\sum_{j=1}^{N} X_{i,j}}\right)\left(\frac{Y_j}{Y_j + \sum_{n=1,n\neq j}^{N} X_{n,j}}\right) \tag{3.3}$$

第三国效应权重 $\tau_{i,j}$ 表示为

$$\tau_{i,j} = \sum_{k\neq j}\left(\frac{X_{i,k}}{\sum_{j=1}^{N} X_{i,j}}\right)\left(\frac{X_{j,k}}{Y_k + \sum_{n=1,n\neq k}^{N} X_{n,k}}\right) \tag{3.4}$$

最后对进出口权重进行加权计算，其中主要涉及 i 国进出口数额和 i 国对外贸易总数额，将前者所占后者的比例赋予相应的进口贸易和出口贸易，然后对 j 国的总权重进行计算：

$$W_j = \left(\frac{M_i}{M_i + X_i}\right)W_j^m + \left(\frac{X_i}{M_i + X_i}\right)W_j^x \tag{3.5}$$

其中，$M_i = \sum_{j=1}^{N} M_{i,j}$ 表示 i 国的进口总量；$X_i = \sum_{j=1}^{N} X_{i,j}$ 表示 i 国的出口总量。

欧洲中央银行。欧洲中央银行在对 j 国总权重进行计算的过程中具有自己独特的方法和体系，一般情况下会做出两种假设：第一，假设位于欧元区的某一个国家对海外的市场进行商品出口，即 $j=1, 2, 3, \cdots, H$。与这 H 个被出口国家相对应的就是 H 个市场。这样 H 的范围就比有效汇率样本国家的数量大，也就是说 $H>N$；第二，假定 N 个国家对该国发生出口贸易，而

其余的（H－N）个国家的产品与其不存在竞争关系。之后，可以分别计算相应的进出口权重 W_i^m 和 W_i^x 。

i 国进口权重可由式（3.6）计算得到：

$$W_i^m = \frac{M_i^a}{\sum_{i=1}^{N} M_i^a} \tag{3.6}$$

其中，式中 M_i^a 代表样本期内 i 国对欧元区的出口情况。

欧洲中央银行在对出口权重进行计算时，重点对第三国效应进行了综合和分析，而在具体计算的时候则主要分为三大步，第一步计算欧元区对 j 国的出口的百分比：

$$X_j = \frac{X_j^a}{\sum_{j=1}^{H} X_j^a} \tag{3.7}$$

第二步计算 i 国在 j 国的市场份额：

$$S_{i,j} = \frac{X_{i,j}^a}{\sum_{i=1}^{N} X_{i,j}^a} \tag{3.8}$$

当 $i \neq j$ 时，$X_{i,j}^a$ 代表 i 国对 j 国的出口总额；当 $i = j$ 时，$X_{i,j}^a$ 代表 i 国产品在本国市场销售的规模，$S_{i,j}^a$ 代表 i 国产品在 j 国市场中所占份额；

之后，可采用式（3.9）计算欧元区对 i 国的出口权重：

$$W_i^x = \sum_{j=1}^{H} S_{i,j} X_j, i = 1,2,\cdots,N \tag{3.9}$$

之后再对欧洲中央银行进行权利的赋予，并且对进出口权重比例进行分配和加权，因此可以对 j 国的总权重进行计算：

$$W_i = \left(\frac{X^a}{M^a + X^a}\right) W_i^x + \left(\frac{M^a}{M^a + X^a}\right) W_i^m \tag{3.10}$$

其中，$M^a = \sum_{j=1}^{N} M_j^a$ 表示欧元区从 N 个贸易伙伴国的进口；$X^a = \sum_{j=1}^{H} X_j^a$ 表示欧元区对 H 各海外市场的出口。

美联储。下面介绍美联储相关计算方法，首先可采用式（3.11）计算样本国出口权重：

$$W_{us,j,t}^{m} = \frac{M_{us,j,t}}{\sum_{j=1}^{N(t)} M_{us,j,t}} \tag{3.11}$$

其中，$M_{us,j,t}$ 代表美国对样本国家的出口规模。

之后对相应的出口权重进行计算，在这个过程中，美联储对出口权重进行了分类，主要包括两种不同的类型，对其赋予相同的权重，其中一种是直接出口权重，另一种是第三国效应权重，分别记为 $\varepsilon_{us,j,t}$ 和 $\tau_{us,j,t}$。

出口权重的计算公式：

$$W_{us,j,t}^{x} = 0.5\tau_{us,j,t} + 0.5\varepsilon_{us,j,t} \tag{3.12}$$

其中，直接出口权重

$$\varepsilon_{us,j,t} = \frac{X_{us,j,t}}{\sum_{j=1}^{N(t)} X_{us,j,t}} \tag{3.13}$$

第三国效应权重

$$\tau_{us,j,t} = \sum_{k \neq j,us}^{N(t)} \varepsilon_{us,k,t} \times \frac{M_{k,us,t}}{1 - M_{k,us,t}} \tag{3.14}$$

此处 $M_{k,us,t}$ 是指第 t 期从 j 国的进口额。

最后，分别赋予进口和出口相等的权重，则 j 国的总权重

$$W_{us,j,t} = 0.5W_{us,j,t}^{m} + 0.5W_{us,j,t}^{x} \tag{3.15}$$

（4）物价指数与基期的选择、权重更新及指数发布频率。这三个银行除了在指数公式方面存在差异之外，还有很多差异，比如物价指数和权重等，表3.3是这三个银行差异的具体描述。

表 3.3　各机构的物价指数与基期的选择、权重更新及指数发布频率

公布机构	指标
国际清算银行	在选择物价指数与基期的时候需要非常谨慎，一旦出现问题将会造成严重的后果。由于每个国家的名义汇率都要通过国内物价指数进行调整，而每个国家物价指数发布的时间并不一定一致，所以国际清算银行在对物价数据进行统计时，综合考虑各国统计数据发布的时期，将公布日期确定为每月 15 日。如果到了 15 日数据还没有出来，可以进行模拟推算。 权重更新及指数发布频率：国际清算银行编制汇率指数时是利用时变权重，这种方法是非常有利的，参考贸易伙伴国竞争能力的差异，国际清算银行以三年为周期调整权重，并以此测算月度有效汇率指数。
欧洲中央银行	物价指数与基期的选择：对于狭义的有效汇率指数，能够采取消费者价格指数（CPI）、生产者价格指数（PPI）、国内生产总值（GDP）平减指数、单位劳动成本指数（Unit Labor Costs，ULC）进行调整。样本国的数据是可以获取的，所以银行可以对 CPI 进行调整，欧洲中央银行将 1999 年作为基期。 权重更新及指数发布频率：随着国际贸易的增长，欧洲中央银行在 1999 年发布指数之后，每过五年就进行更新。
美联储	物价指数与基期的选择：美联储物价指数的选择和上述两个银行都有很大的差别，美联储以 1973 年作为基期，通过考查样本国之间双边汇率计算实际有效汇率。 权重更新及指数发布频率：美联储的权重更新是非常迅速的，每个月更新一次，其更新的主要依据就是样本国和美国之间的贸易往来。除此之外，美联储的名义有效汇率每个月也会发布一次，有时候甚至会出现每天发布一次的情况，不过实际有效汇率是每月进行公布的。

（5）对构建人民币有效汇率指数的启示。我国在构建有效汇率指数方面经验不多，对比上述三个银行相关计算方法，我们可以得出以下结论：

第一，样本国选择方面。首先，应当选择近五年与中国贸易量较大的一些国家和地区作为样本国，比如美国、韩国、欧元区等；其次，考虑到中国的贸易结构特点，对于能源等大宗商品需求非常大，因而可以选择非洲、拉丁美洲一些重要大宗商品出口国作为样本国；最后，样本国的选择应该考虑到中国的外汇储备结构。

第二，货币权重方面。通过上面的介绍我们可以发现这三个国际机构都是采用几何加权平均的方法，这是一个非常先进的方法，可以很好地得出有效汇率指数，所以我国也可以使用这个方法。在国际贸易的数据无法全部获取的情况下，可以考虑国际旅游服务贸易来补充，从而样本货币的权重可以用商品贸易量与旅游服务贸易的加权平均来表示。

第三，物价指数、基期、权重更新频率。与上述三大机构一样，可以选择消费者价格指数（CPI）作为物价平减指数。我们都知道中国央行在 2005 年进行了汇率制度改革，出于稳定性考虑，我国主要选择 2005 年的 8 月到 12 月的平均值作为基期，这样比较准确。考虑到数据可获取性，人民币有效汇率指数的更新频率可以考虑设置为每个季度一次，而货币权重的构造可以考虑每隔两到三年更换一次。

3.2.2 人民币有效汇率指数的构建

（1）选择样本货币。基本上世界上所有的国家和地区都在研究有效汇率指数，但是每个国家和地区研究的目的都不一样，所以它们在计算有效汇率时选择的样本货币是不同的，这样得到的结果就有所不同，这是一种非常正常的现象。有的国家在研究有效汇率时选择几个国家的货币，而有的国家则选择很多国家的货币，大致来说，选择货币种类越多，得到的结论就越准确。对于样本货币的选择主要基于三点：一是经济贸易程度，应当选择对本国经济贸易产生重大影响国家的货币，除此之外，被选择的样本国家要和本国有密切的贸易往来，这是非常必要的，因为只有两个国家有贸易往来，双边汇率的研究才会有意义，如果两个国家都没有贸易往来，那么选择这个国家作为样本国是没有意义的；二是样本国家的经济地理特征，由于处于同一区域的国家的贸易特征有一定的相似性，因此样本国的选择应当囊括世界上六大洲的一些代表性国家；三是考虑数据获得的便捷性，一般而言选择的样本货币数目越多，计算的准确性也越高，但同时实际测算的难度也越大。如果某些国家或地区的数据难以获取，就应当舍弃该国的货币；在大样本的情况下，适当地舍弃一些样本货币，对测算结果的影响甚微。

理论上而言，度量人民币有效汇率时，应当尽可能地将与中国存在贸易往来的国家或地区的货币包括在内，但是与中国有贸易往来的国家或地区高达100多个，这给实际测算带来很大困难。考虑到可操作性，应当选择对中国的经济贸易有重大影响的国家或地区的货币，比如欧洲地区的欧元、英镑、卢布等，美洲地区的美元、加拿大元等。

（2）选择货币权重。货币权重一般会有三种方法：固定权重、半固定权重和可变权重，其中固定权重就是说在基期内权重不能发生变化，只有等这个基期过了之后才可以进行调整。可变权重是指只要在报告期限内都可以进行更改。半可变权重主要包含两个因素：一个是固定不变的，另外一个是可以变化的。就应用范围而言，固定权重和可变权重应用得更广。考虑到一个国家的贸易结构随着时间的推移可能会发生显著性的变化，如果采用固定权重，则有效汇率不能反映贸易结构变化，是没有实际意义的，因此本书采用可变权重进行计算，这种方法比较适合我国，具体的内容就是将上一年的样本国和我国的贸易额在总贸易额中的比重作为这个国家的权重。计算可变权重的方法主要有三种：双边贸易加权模型、多边贸易加权模型和双重加权模型。

双边加权模型。双边加权模型主要是将样本国家和我国的贸易额占总贸易额的比重作为权数，如果使用这种模型，那么计算汇率的公式如下：

$$WH_{ij} = \frac{EX_{ij} + IM_{ij}}{\sum_{j}(EX_{ij} + IM_{ij})} \tag{3.16}$$

其中，WH_{ij} 表示权重，EX_{ij} 表示在 i 时期 j 样本国的出口额，IM_{ij} 表示进口额。双边加权模型过分依赖一些比较重要的样本国对有效汇率的影响，因为并不是所有的样本国都会对本国的货币汇率产生重要影响。如果这个国家选择的样本国在世界贸易中对汇率的影响和对这个贸易中的汇率影响不一致，那么使用双边加权模型就会导致样本国的权重比较大。

多边加权模型。多边加权模型是指一个样本货币的权重等于该样本国在所有样本国贸易总额中的比重，如果采取多边加权模型来计算人民币有效汇率，则可用公式表示为

$$WH_{ij} = \frac{EX_{ik} + IM_{ik}}{\sum_{j \neq c}(EX_{ij} + IM_{ij})} \tag{3.17}$$

其中，WH_{ij} 为第 i 时期 j 样本货币的权重，EX_{ik} 为第 i 时期 j 国对其他样本国的出口额，IM_{ik} 为第 i 时期 j 国对其他样本国的进口额，c 指中国。多边贸易加权模型考虑得并不全面，并没有考虑到样本国在特定市场中的竞争力，多边加权模型仅仅考虑到除了本国外的其他国家之间的竞争，在这种情况下就有可能出现错误的结论。比如两个国家在某种特殊的市场框架下展开对外贸易，如果按照多边加权模型的计算方法则不能准确地捕捉到这种竞争力的变化。

双重加权模型。双重加权模型能够直接反映出样本国和本国之间的贸易情况，并且还可以看出样本国和本国在第三方市场中的竞争力，这对于每个国家来说都是十分有利的，所以这种模型在世界上应用范围非常广。双重加权模型描述的是两个国家的进口竞争、出口竞争以及第三方市场上的出口竞争，其方程式构建如下：

进口权重：

$$WH_i^m = \frac{m_j^i}{m_j} \tag{3.18}$$

出口权重：

$$WH_i^x = \left(\frac{x_j^i}{x_j}\right)\left(\frac{y_i}{y_i + \sum_h x_h^i}\right) + \sum_{h \neq i}\left(\frac{x_i^k}{x_i}\right)\left(\frac{x_i^k}{y_k + \sum_h x_h^k}\right) \tag{3.19}$$

最终权重：

$$WH_i = \left(\frac{m_j}{x_j + m_j}\right)WH_i^m + \left(\frac{x_j}{x_j + m_j}\right)WH_i^x \tag{3.20}$$

其中，x_j 和 m_j 分别是指 j 国的总出口量和进口量；x_j^i 和 m_j^i 分别是指 j 国对 i 国的出口量和 j 国对 i 国的进口量；H_i^m 是指 i 国的总产出中用于供应国内消费需求的产出；H_i^x 表示的是 h 个其他国家（不包括 j）对 i 国的出口量。从上面我们可以看出，双重加权模型之所以比较优越，主要原因就是它具有双边加权模型和多边加权模型的优点，所以这种模型的竞争力很强。

（3）选择基期和频率。2005 年我国进行了汇率制度改革，改革之前我国使用固定汇率制度，这种制度在改革开放初期是比较适合我国发展的，但是随着经济的发展，我国和世界上很多国家和地区都存在贸易关系，固定汇率已经不适合我国的发展，所以我国开始改革为浮动汇率制度，更有利于对外贸易、防范汇率冲击风险、调控价格，一旦汇率制度进行改革，人民币的汇率将会发生变化，所以选择基期的时候一定要等人民币汇率稳定之后。

至于人民币有效汇率指数的编制是采用日度、月度、季度还是年度，本书认为应当采用月度：一是日度数据频率过高，一般情况下汇率在短期内不会大幅度波动，这样一来采用日数据过于烦琐，且对现实的指导意义不大；二是如果采用季度或年度数据，则数据频率过低，有效汇率指数将不能对经济活动提供参考价值；三是人民币有效汇率指数月度数据，既可以很好地度量人民币对样本货币汇率变化状况，同时与月度的进出口贸易数据和商品价格数据的频率一致，可以为政策制定和分析带来方便。

（4）选择构建指数的方法。构建汇率指数的主要方法有两种：一种是简单平均法，另一种是加权平均法，简单平均法就是我们平时使用的平均算法，包括简单综合法和简单调和法等；加权平均法主要包括加权算术平均、加权几何平均和简单几何平均等。表 3.4 列示了各种方法的具体公式和含义。

表 3.4　　　　有效汇率指数构建的方法

<table>
<tr><td rowspan="4">简单
平均法</td><td>简单综合法：
$\bar{Y} = \frac{\sum X_1}{\sum X_0}$</td><td>$X_1$ 是指报告期的汇率，而 X_0 是指基期的汇率，这种方法是法国著名经济学家开创的，但是这种方法存在很大的缺陷。第一，如果计量单位不同，计算的结果就会不同；第二，即使计量单位一样，但是由于每个国家的汇率不一样，所以计算的结果也不一定正确。</td></tr>
<tr><td>简单算术平均法：
$\bar{Y} = \frac{1}{N}\sum \frac{X_1}{X_0}$</td><td>这种算法和简单综合法相比更加优越，克服了简单综合法的弊端，但是这种算法还有很多不足之处，最重要的一点就是简单算术平均法将所有样本货币都确定为 1，这很显然不符合实际，所以计算出来的结果并不是很正确。</td></tr>
<tr><td>简单调和平均法：
$\bar{Y} = \frac{N}{\sum \frac{X_0}{X_1}}$</td><td>调和平均法从理论上来讲是比较优越的，但是实际操作过程中并不理想，在现实研究中很少使用。</td></tr>
<tr><td>简单几何平均法：
$\bar{Y} = (\sum \frac{X_1}{X_0})^{\frac{1}{n}}$</td><td>这种方法是由英国非常有名气的学者创立的，这种方法适合在统一条件下进行计算，得出的结果介于算术平均法和调和平均法之间。</td></tr>
<tr><td rowspan="3">加权
平均法</td><td>加权算术平均法：
$\bar{Y} = \sum \frac{X_1}{X_0} w$</td><td rowspan="3">权数 w 可用各样本货币国占中国贸易额的比重来表示。第一，加权平均法编制指数时，权重选择需要注意实际权重的问题，如果实际权数在基期，那么计算有效汇率指数时要选择算术平均法进行计算；如果权数为报告期，那么就可以使用调和平均法进行计算。第二，在选择权数时还要考虑研究的目的，有时候研究的目的不同选择权数就有不同的要求。比如说，当研究目的是反映物价的演变过程时，就需要选择报告期的权数，因为这个时期的权数是处于变化的，能够反映出物价的变化过程。考虑到消费者购买商品的比率随时间会存在变动，我们在研究物价变动规律时，应以基期商品权重进行计算，以减弱消费结构的影响。第三，加权平均法选择权数时要考虑多种因素，因为报告期的权数资料并不一定能够及时获取，所以为了计算结果的正确性，我们需要参照市场上的资料进行计算。</td></tr>
<tr><td>加权几何平均法：
$\bar{Y} = \prod (\frac{X_1}{X_0})^{w}$</td></tr>
<tr><td>加权调和平均法：
$\bar{Y} = \frac{1}{\sum \frac{X_1}{X_0} w}$</td></tr>
</table>

（5）选择平减指数。想要计算出有效汇率指数并不简单，因为物价水平会影响到汇率指数的变化，通常情况下，计算有效汇率指数时会选择平减指数来消除物价水平变化带来的影响。在计算人民币有效汇率时需要知道我国和样本国之间的绝对价格水平，但是这个数据是很难得到的，因此我们可以使用其他的方法代替，一般情况下使用价格指数进行代替。价格指数主要分为消费者价格指数和 GDP 价格指数等四种，各个指数的优缺点如表 3.5 所示。在选择某种价格指数时，需要注意两个方面：一是利用不同的指数测算得出的人民币有效汇率所具有的经济含义不同；二是各种价格指数所采用的一篮子商品不同，同时贸易政策、生产技术水平等外部冲击对不同指数的影响程度不同，因而采用不同指数得到的人民币有效汇率的趋势可能会出现偏离。因而，要根据实际情况采用不同的平减指数。

表 3.5　　常用价格指数对比

指数类别	含义	优缺点
消费者价格指数（CPI）	消费者价格指数是度量一个国家在市场上全部交易商品的价格变动的指数。如果不考虑货币因素，CPI 反映了一个国家的相对生产成本，CPI 上涨则该国的贸易品的竞争力会削弱。	优点：世界上绝大多数国家都有该指数的统计数据，并且统计频率很高，通常能获取到月度数据。 缺点：不同的国家在计算该指数时所选择的一篮子商品是不同的，因而会影响到可比性。
GDP 平减指数	GDP 平减指数就是等于未剔除价格水平的 GDP 变动与剔除价格水平的 GDP 变动之比，这个指数可以测算出一个国家总的生产成本，GDP 平减指数可以准确反映国家的物价变动，这对于一个国家来说是非常重要的。	优点：该指数囊括了市场上所有交易的产品及服务，可以准确地反映一个国家一般商品价格水平的变化。 缺点：该指数的统计频率比较低，一般是年度数据，同时该指数也可能包含了 GDP 的结构变化，通常不能准确地反映通胀水平。

续表

指数类别	含义	优缺点
批发价格指数	批发价格指数主要反映国家的贸易商品价格的变动，这对于一个国家的出口贸易影响非常大，这个指数主要反映两个国家之间的进出口贸易变动。	优点：随着社会的发展，出口贸易越来越频繁，所以批发价格指数可以有效地反映市场价格变动的情况，通过这个指数我们可以看出一个国家商品价格变动的情况。 缺点：该指数的统计频率比较低，一般是年度数据，同时该指数也可能包含了GDP的结构变化，通常不能准确地反映通胀水平。
单位劳动成本指数	从字面上我们就可以看出，这个指数是反映劳动力成本的，而劳动力成本和进出口利润有很大的关系，所以从单位劳动成本指数我们可以看出样本国和我国之间的生产成本的变化。	优点：这个指数可以反映出一个国家对外贸易的竞争力变化。 缺点：数据难以直接获取，很少有国家公布该指数，大多数文献在采用该指数时，都是作者计算而得。

3.3 人民币有效汇率的波动特征

随着我国生产力水平、经济政策调控、国际贸易条件等因素变化所导致的宏观经济波动，汇率作为一种内生变量存在于实体经济的运行之中，具体而言汇率由实体经济的运行状况决定，同时又作为其他产出变量的决定因素。综上所述，我们可以认为人民币汇率的变动对于我国的经济发展有很大的影响，所以研究人民币的波动特征是非常有必要的，能更好地探索其与宏观经济波动的传导机理。

3.3.1 汇率波动性的界定

根据汇率的不同波动周期，学界通常将其波动划分为短期波动、中期波动、长期波动三种类型，考虑到汇率变化对实体经济的重要影响，各种类型的研究从其不同角度，依据不同的方法对汇率的波动做了大量的研究工作。通过不断的研究发现，如果确定长时间的汇率趋势和水平并不难，但是想要确定短期内的汇率水平在不可预知的变量影响下可能发生的趋势变化比较难，正是由于这种不确定的波动，可能会放大汇率对实体经济和金融经济所产生的冲击风险。因此，衡量和研究汇率不同期限的波动行为具有十分重要的理论和现实意义。

长期波动和一个国家的经济基本面有很大的关系，一般而言，一国名义汇率会伴随该国物价水平的变化而同向变动；与之对应的实际汇率则更多地维持在长期汇率均值附近。影响汇率中长期内波动的具体影响途径为：(1) 经济总量变化引起的长期汇率波动。一国经济增长与该国币值之间存在一定的正相关关系，经济总量在其扩张和收缩的周期过程中，实际汇率和名义汇率都会伴随着经济周期的变化而呈现出相似的周期性波动。假定经济处于稳定状态，扩张型的财政政策或货币政策扩大了内需，实际汇率就会升值，而紧缩型的财政政策或货币政策则会产生相反的效果。(2) 经济结构变化引起的汇率波动。若一国的汇率持续性被高估，则国内产业的国际竞争力会由此被极大地削弱，加上国内外生产成本的差异会促使追求利润最大化的厂商缩小本土的企业规模，而选择在生产成本、低工资率的国家扩大其投资规模，在其形成了规模经济后，本土企业会因劳动力成本昂贵的阻碍而难以进入该行业。因此汇率一段时间的高估或低估会以一个相对永久的方式对一国产业结构的变动产生影响，这正是中长期汇率偏离均衡汇率的重要影响。要想解决这个问题就需要一段时间的汇率持续性低估才能带来本土企业获利期望引致的再投资。劳动力市场的变化之所以对于汇率的影响这么大，主要就是因为在各种资源中，技术可以授权和外溢，资本可以流动，而仅有劳动力是具有国籍的、很难任意自由流动的。因此，在汇率长期波动过程中，其价格的资源配置功能会受到劳动力市场限制。

经济运行本身所面对的冲击和波动是造成中长期汇率波动的重要原因，具体而言，一国宏观经济政策的变化、产出水平、价格水平的波动均会对该国中长期汇率产生影响。其中主要的影响途径为：(1) 有效需求和有效供给导致的汇率中期波动。有效需求波动主要来源于投资、消费、政府支出和净出口等方面的波动，这些要素的变动首先会对实际汇率的波动造成影响，并通过净出口这一因素对外汇市场上名义汇率的波动产生影响。而诸如劳动力的供给类因素，其数量的增加和素质提高无疑对一国经济潜在产出的增加具有重要影响，而且劳动力资源较低程度的国际流动性是导致汇率不稳定的一个重要因素。(2) 通货膨胀也会导致汇率中期波动。当国民因货币超发产生通货膨胀预期后，会将大量的本国货币换成外国货币，继而引发本国货币升值的幅度大于价格变化的幅度；然后，兑换的速度放缓，本国货币汇率波动会缩小，甚至小于本国物价的波动，一直到汇率和价格的变化程度与货币供应量相匹配的水平。在资本流出的背景下，持久的通货膨胀预期会导致汇率波动的放大，汇率贬值的速度会超过本币供应的增长。

汇率的短期波动和长期波动不一致，短期波动主要受国际收支和外汇市场的套期投资等因素影响，和外汇的名义汇率有很大的关系。短期内，由外汇市场供求决定的汇率市场和商品市场具有较强的独立性，因而汇率水平与价格水平的波动联动性较弱，汇率—价格联动机制效果并不明显，从而无法保持外汇市场与商品市场的协同变动。由此我们可以看出，只要是对经济增长有影响的因素都会对汇率产生波动影响，而影响经济增长的干扰因素有：第一，市场投机行为的存在，外汇市场上广泛存在的投机行为对市场稳定性的影响具有不确定性。第二，不同场外信息对外汇市场的运营存在影响，此外汇率变动还与同一时期外汇资产的交易规模相关，由于套利空间的存在，外汇价格会产生传导，也会对汇率产生短期波动。另外，中央银行在特殊时期出手干预外汇市场的价格，也会影响汇率的短期波动。

以上为按照期限结构分类的汇率波动，而如前文所述，一国有效汇率体现了与其贸易伙伴的汇率水平，因此通过对人民币有效汇率的走势观测可大致反映出人民币有效汇率的波动水平。

3.3.2 有效汇率波动的测量

目前测量有效汇率波动主要是基于期权市场价格获得估计的波动率，或者从其历史数据中发现信息，采用时间序列的研究工具对有效汇率的变动趋势进行预测。从历史数据中发现汇率变动规律的方法主要集中在时间序列分析方法，包括 ARMA 模型、VAR 模型等。因为早期的标准差模型主要是针对正态分布数据进行处理的，但是金融时间序列并不符合正态分布，所以标准差模型很难正确地描述出这类特征。因此，近些年的研究中，通常较少采用此类拟合时间序列的分析方法。相关研究中通常采用 GARCH 模型、SV 模型、马尔科夫模型等工具进行相关研究。

（1）广义自回归条件异方差类模型（GARCH 模型）。GARCH 模型是一个较为经典的模型，模型中对变量波动的时效性和集聚性分别作了考量，被研究学者和金融从业者用于探索波动特征定量分析。GARCH 模型是由 Bollerslev（1986）创立的，Engle（1983）在其基础上进行了扩展，他采用 ARCH 模型分析了英国通货膨胀率的变动趋势。ARCH 模型严格的非负假设，导致 ARCH 模型的应用受到了一定限制。Bollerslev 将原来的 ARCH 模型成功地改变为 GARCH 模型，改变之后的模型更加优越，弥补了原来模型阶数过大所产生的精细度不足缺陷。

GARCH 模型的数学表达式为

$$r_t = \mu + \sum_{k=1} \lambda_k r_{t-k} + a_t \tag{3.21}$$

$$h_t = c + \sum_{t=1}^{p} \alpha_i a_{t-i}^2 + \sum_{j=1}^{q} \beta_j h_{t-j} \tag{3.22}$$

$$a_t = \varepsilon_t \sqrt{h_t} \tag{3.23}$$

其中，式（3.21）为条件均值方程，式（3.22）为条件方差方程，表示时间序列的条件方差变化特征。a_t 是 t 时刻的新息，h_t 是条件方差，ε_t 是独立同分布的随机变量，通常假定是标准正态分布或者标准 t 分布，h_t 和 ε_t 相互独立。λ_k 为均值方程的变量自回归系数，α_i 和 β_j 分别为 GARCH 参数，k、i、j 分别为之后阶数。

GARCH 模型自提出以后，学术界对其进行了扩展和改进，用来反映金融序列的特征，第一类以 Nelson（1990）所提出的 EGARCH 模型为代表，用来分析外界冲击对金融市场的非对称影响效果；第二类以 Engle 等（1987）提出的 ARCH－M 模型为代表，研究变量波动对资产收益的冲击；第三类则是 Engle 和 Bollerslev（1986）所提出的 IGARCH 模型，用以分析外部冲击影响效果的持续性特征。

近年的研究中，GARCH 模型逐渐应用到了汇率波动的相关研究中，如 Domowitz 和 Hakkio（1985）的研究中便采用 GARCH 模型对汇率的波动特征进行了相应的探讨。Hsieh（1989）则采用多种 GARCH 模型分析了多个发达国家的汇率变动规律，通过研究我们可以发现，汇率收益率都会有 ARCH 效应，如果要研究汇率波动性可以使用 GARCH 模型，这个模型对于汇率的波动反映非常明显，EGARCH 和加权的拟合效果最好。West 和 Cho（1995）分别使用 GARCH 模型、单变量同方差模型、非参数模型以及 VAR 模型，分析了 1973—1989 年美元汇率的波动性特征，发现 GARCH 模型仅在汇率单期波动预测方面具有较好的预测效果，结果表明无论是在固定汇率时期还是其浮动汇率时期，均表现出非对称性及波动聚集性，其中 APARCH 模型和 GJR－GARCH 的研究结果发现，汇率变动存在着显著的非对称性特征，在汇率预测方面，采用 TS－GARCH 模型和 APARCH 模型一般具有较好的分析效果。

在国内的研究方面，赵天荣和李成（2010）采用多元 GARCH 模型对人民币的汇率和利率之间的关系进行了研究，研究结果表明我国汇率制度改革之后，汇率波动越大，利率的波动就越小，这说明两者存在相互削弱的关系。何茵等（2011）使用 VAR－GARCH 模型分析了 2006 年 8 月以来人民币即期汇率市场和离岸期货市场的关系，通过研究发现，离岸期货市场的投机程度没有对即期汇率产生显著的波动关系，此外，市场汇率的变动将对离岸市场的投机行为具有显著的影响。伍戈和斐诚（2012）基于 GARCH 模型研究中国香港的离岸人民币和汇率远期之间的联动性。赵树然等（2012）对美元、日元兑人民币之间的汇率进行了研究，使用的研究模型是非参数 GARCH 模型，他的研究不仅是要证明汇率波动之间的关系，还要证明非参数 GARCH 模型比 GARCH 模型更加优越，有更强的预测能力。夏强和刘金山（2012）研究发现美元兑人民币汇率和非美元兑人民币汇率的变动均存在着显著的非对称性特征，研究发现非美元兑换人民币的汇率波动出现非对称特征，而美元兑换人民币则没有出现这样的特征。

（2）随机波动率模型（SV 模型）。SV 模型最早由 Taylor 提出，SV 模型是一个非常先进的模型，这个模型中的汇率波动和此前的信息没有关系，在描述数据尖峰厚尾特征和预测信息方面更加有效。其形式为

$$y_t = e^{\frac{\theta_t}{2}}\varepsilon_t \tag{3.24}$$

$$\theta_t = \mu + \phi(\theta_{t-1} - \mu) + \eta_t \tag{3.25}$$

其中，$\varepsilon_t \sim i.i.d.N(0,1), \eta_t \sim i.i.d.N(0,\tau^2) t = 1,\cdots,n.\ |\phi| < 1$ ，如果和 ARCH 模型相比就可以发现，这两个模型是比较相似的，都是由均值和波动率方程组成的，但是 SV 模型的波动率主要是对数形式的波动，和 ARCH 模型有明显的区别。y_t 指代第 t 日的收益率，ε_t 是独立同分布的干扰项。在标准 SV 模型中误差项 ε_t 与 η_t 是彼此不相关的白噪声序列，都不可测。ϕ 为持续性参数，为了确保随机过程的稳定性，则需要 $|\phi| < 1$ ，从第二个式子可以看

出，潜在的波动 θ_t 服从一个持续性参数为 ϕ 的高斯 AR（1）过程。

之后 SV 模型得到了进一步的扩展，并广泛适用于外汇市场的相关研究之中，比如 Harvey 等（1994）采用扩展的 SV 模型较好地拟合了英镑和瑞士法郎兑美元汇率的变动趋势，结果发现这个模型可以很好地拟合汇率序列，同时，多元随机模型还可以捕捉到影响汇率波动的因素。Kim 等（1998）为了比较多元随机波动模型和其他模型对汇率序列的拟合效果做了很多实验，实验结果都表明二元随机波动模型效率是最高的。

（3）重标极差分析法（Rescaled Range Analysis）。重标极差分析法也称 R/S 分析法，是一种稳健的非参数估计方法，这种方法适用范围非常广泛，不管是不是正态分布，这种方法都可以进行区分，很少需要对随机事件要求提前假定，主要是用来分析时间序列数据的变动规律。该方法最初是由埃及水文学家 Hurst 在研究尼罗河水库工程时提出的。通常 R/S 方法首先设定一个参数为 t 的时间序列数据 $\{X_t\}$，并将其划分为 K 个长度为 n 的子区间。下面是对每一个区间的极差和标准差进行定义：

$$R_n = \max_{1 \leqslant m \leqslant n} \sum_{j=1}^{m} (x_j - \bar{x}) \tag{3.26}$$

$$S_n = \left[\frac{1}{n} \sum_{j=1}^{m} (x_j - \bar{x})^2\right]^{1/2} \tag{3.27}$$

上面式子中的 R_n 是子区间的极差，S_n 是子区间的标准差，我们知道每个区间都有极差和标准差，所以 k 个子区间共有 R_n/S_n 个，k 个 R_n/S_n 的平均数即为区间长度为 n 的样本重标极差，$(R/S)_n$ 满足以下关系式：$(R/S)_n = (cn)^H$。然后通过 OLS 回归，求出斜率 H，H 即为 Hurst 指数的估计值：

$$\log (R/S)_n = \log(C) + H^* \log(n) \tag{3.28}$$

Hurst 指数值 H 代表了时间序列的持久性特征，当 H 为 0.5 时，此时间序列具有随机性的特征；若 $H > 0.5$，则时间序列具有持久性；若 $H < 0.5$，则时间序列具有反持久性。其持久性（反持久性）状况与其 H 值与 1（0）的距离正相关。

目前该方法已被广泛应用于对汇率波动研究的分析之中。国外学者中 Booth 等（1982）使用 R/S 分析法实证研究了英镑等多个货币在固定和浮动汇率的情况下的长期相依性，研究结果发现在浮动汇率制度下，汇率序列根本没有正的长期相依性，但是在固定汇率制度下有负的长期相依性。Muniandy 等（2001）采用 R/S 分析法实证分析了马来西亚货币的分形特性及 1998 年 9 月 1 日货币调控政策前后的汇率数据，并构建了全局 Hurst 指数，研究结果显示每个汇率时间序列均存在较大的 Hurst 指数，即汇率序列存在显著的长记忆性。

国内的研究中，宋耀和田华（2004）的研究中便采用此方法发现多国外汇收益率不具有长期记忆性的特征。隋建利等（2013）选取了人民币兑日元、欧元和英镑三种主要货币的汇率，使用经典及修正的 R/S 分析和 GPH 检验等很多先进的方法对汇率的长期记忆性进行了研究，结果发现很少有汇率具有长期记忆性，但是汇率波动却具有明显的长期记忆性。

（4）Markov 机制转换模型

长期以来，GARCH 族模型可以对汇率波动的聚集性、时变性进行较好的刻画，然后随着国际经济政治复杂化、全球化的演变，汇率波动呈现出新特点。下面以人民币为例。2005 年我国实行了新的汇率制度，放弃了原来的固定汇率制度，采用更加灵活的有管理的浮动汇率制度，在 2008 年爆发国际金融危机之后，我国人民币汇率的波动有所加剧。2008 年之后，我们实行了紧盯美元的政策，适当保持了人民币的稳定。我国实行浮动汇率制度之后，人民币汇率在不同时期呈现出不同的特征，如仍用传统单模型研究，很难准确测量汇率波动的特征。而由 Hamilton（1989）首次提出的 Markov 机制转换模型，却能很好地刻画存在结构突变的汇率波动特征，此模型对经济增长的繁荣、萧条时期进行了区分，并以此研究了美国二十年的经济转换特征，之后 Gray（1996）提出了带有马尔科夫转换机制的 GARCH 模型，并广泛用于汇率波动研究领域。

国外的研究中，Chkili 和 Nguyen（2014）采用机制转换模型研究发现，金砖国家的股票市场收益率同样存在高涨和低潮两个状态。在我国也有很多学者对人民币兑换美元的汇率进行了研究，其中谢赤和刘潭秋（2003），使用的就是二状态四阶滞后模型，研究表明不管是升值还是贬值，这个模型都能够很好地刻画出人民币汇率的动态，具有很高的持续性。李敏（2010）对我国人民币汇率波动机制进行了研究：自 1991 年后，我国汇率经历了过度贬值、适度贬值和适当升值三个区间。李小平等（2012）则对国际金融危机前后部分国家的汇率波动机制进行了研究。

3.3.3 有效汇率波动的特征

随着经济全球化的深入发展，人民币汇率大幅波动对于我国经济发展有很大的影响，并对我国经济系统稳定性产生显著的影响。因此，人民币汇率的波动机制这一问题具有重要的研究意义。通过大量的研究，我们发现汇率波动具有尖峰厚尾性、聚集性、持续性、记忆性及非对称性等特征。

（1）尖峰厚尾性。通过研究发现，很多金融序列都具有尖峰性，主要的特征就是在尾部峰值比较高，也就是说尖尾峰值比一般的正态分布峰值要高，尖峰厚尾的分布说明，实际的价格波动较多地出现在了正态分布中认定的小概率事件中。通过研究发现汇率分布具有明显的尖峰厚尾的特征，出现这种特征的主要原因就是由于汇率变动的频率比较大。

（2）聚集性。聚集性是指当汇率出现较大波动之后，紧接着还会出现较大幅度的汇率波动，同样当出现较小幅度汇率波动之后，紧接着也会出现较小幅度的波动，因此就容易产生聚集现象，出现很多峰值和低谷，这和标准的正态分布有很大的区别，不能利用传统的金融理论进行研究。这一特征最先在 Mandelbrot（1963）的研究结果中得以证实：金融资产收益率序列的经验分布与独立正态分布有着明显的区别，金融资产收益率具有明显的尖峰厚尾特征和聚集特征，我国很多学者的研究也证实了这一点。我国著名学者戴国强（2000）就对汇率波动进行了研究，结果表明汇率波动性具有厚尾性的特征，并且表现出聚集性，这就证明有效市场假设并不成立，汇率的变动并不是随机游走的，而是有一定规律的。翟爱梅（2010）对我国汇率波动的研究中同样采用了 GARCH 模型，结果发现人民币汇率波动不仅具有聚集性，还有长期记忆性等特征。

（3）持续性。波动的持续性最早由 Bollerslev（1986）和 Engle（1993）提出，其分别通过 IGARCH 模型和 VGARCH 模型，解释了条件方差的持续性并提出协同持续思想，即序列间可能具有一种长期的线性均衡关系。其将持续性定义为："如果向量 GARCH 过程中的每个分量都是持续的，而向量 GARCH 过程各分量的线性组合却表现出非持续性，则称向量 GARCH 过程是协同持续的，它给出了方差与协方差意义下的长期均衡关系，即方差自身的协整关系。"

（4）记忆性。记忆性就是说过去的波动会影响未来的汇率波动，即使间隔很长也有这样的影响，这就是波动的记忆性。关于汇率波动的长记忆性的研究也有很多，Walid、Chaker 和 Duc（2012）使用 FIAPARCH 模型对股票收益和汇率的联动性进行了建模估计，证明存在显著长记忆性和非对称性；Kumar（2014）使用 ARFIMA 和 FIAPARCH 模型分析了美元/印度卢比汇率的波动性，发现其具有明显的长期记忆特征。国内学者同样对这一问题进行过广泛的探讨，比如朱新玲（2011）的研究发现，人民币兑美元汇率的波动具有显著的持续性特征，因此在对汇率波动风险进行控制时，应重点考虑其持续性影响。

（5）汇率波动的非对称性。通过研究发现汇率的波形呈现出杠杆效应，也就是说利空消息和利好消息对于汇率有不同程度影响，经过研究证实利空消息对于汇率波动的影响更大，这两种性质的冲击对于汇率波动的影响呈现出不对称的现象。早期的非对称性研究主要集中于金融证券领域，比如说，英国的著名学者 Meyer 和 Yu（2000）研究了英镑汇率的波动特征，最终结果显示英镑的汇率波动也具有杠杆效应。除此之外，我国有很多学者的研究也证明人民币汇率的波动具有不对称性，并且具有杠杆效应。李凯和张稳瑜（2005）对美元和日元之间的汇率进行了研究，结果发现金融时间序列确实有尖峰厚尾性，金融市场上具有明显的信息不对称问题，不同的市场信息带来的波动反应截然不同，并且具有明显的杠杆效应。周雅瑞和赵晓波（2009）并没有对外国货币进行研究，他们主要是针对港元的汇率进行了研究，结果表明港元汇率也存在非对称性的特征。

3.3.4 人民币有效汇率波动的测量和特征

在分析人民币有效汇率时本书采用国际清算银行的计算方法得出人民币实际有效汇率。图 3.2 给出了 1994 年 1 月至 2015 年 12 月人民币实际有效汇率指数和名义有效汇率指数的变化趋势。自 1994 年我国对汇率浮动部分放开以来，人民币汇率定价中包含了更多的市场供求信息，因此就 1994 年后的数据进行分析，更富有研究价值和政策意义。人民币名义有效汇率指数和实际有效汇率指数在变化趋势上具有较高的相似性。

具体来讲，在 1994 年 1 月至 1997 年 12 月，人民币持续走强，整体呈现出升值的趋势。人民币实际有效汇率指数从 1994 年 1 月的 67.98 逐渐上升至 1997 年 12 月的 98.31，整体升值幅度达到 44.62%。该阶段内人民币实际有效汇率指数升值主要有两个方面的原因：一是该阶段内通货膨胀率较高。为了应对 1997 年东南亚金融危机，我国采取了扩张性的货币政策，通货膨胀率在 1996 年之后保持在 10% 左右。二是这一时期人民币兑美元汇率一直保持稳定，与之相应的则是金融危机时期东南亚多国汇率的大幅度贬值。最终，人民币在该阶段出现较大幅度的升值。1998 年 1 月至 2002 年 3 月，人民币实际有效汇率先呈现小幅的贬值而后呈现出一定程度的升值。这段时间我国整体物价水平出现较大程度的下降，通货紧缩开始出现。东南亚金融危机的冲击对我国宏观经济的影响逐渐减弱。同时，该时期美元在全球逐渐走强，由于人民币紧盯美元，导致人民币实际有效汇率出现一定程度的升值。在2002年4月至2005年3月，人民币实际有效汇率指数出现较大幅度的贬值，从2002年4月的98.04下降至2005年3月的82.39，跌幅达15.96%。该期间内，世界主要货币欧元、日元和英镑均出现持续性的贬值，同时国内经济也面临着较强的通货紧缩压力，两种力量导致人民币实际有效汇率出现较大程度的贬值。2005年4月至2015年12月，人民币实际有效汇率指数虽然存在小幅下降的区间，但整体来看呈现出较强的升值趋势。人民币实际有效汇率指数由2005年4月的82.82逐渐上升至2015年12月的130.16，累计升值57.16%。一方面，我国宏观经济持续保持较高的增长速度，为人民币持续升值提供了宏观经济层面的支撑；另一方面，我国货币供应增速也较高，国内资产价格持续上涨也促使国际资本不断流向国内，加大了对人民币的需求。

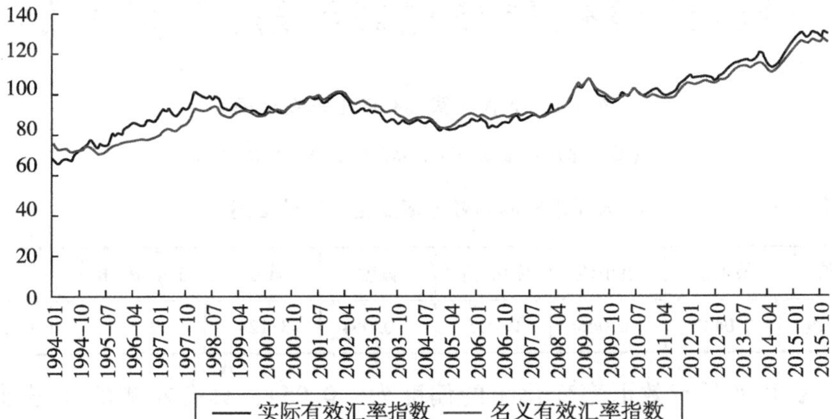

图 3.2　人民币有效汇率指数变化趋势图

（数据来源：国际清算银行 http：//www.bis.org/）

通过人民币有效汇率指数的变化趋势图，我们也可以发现虽然存在几个较为明显的变化趋势，但是人民币有效汇率指数的波动还是较大的。定义人民币有效汇率的对数差分形式：

$$e_t = \ln REER_t - \ln REER_{t-1} \tag{3.29}$$

其中，*REER* 表示人民币实际有效汇率指数，*e* 表示人民币实际有效汇率指数的变化率。图 3.3 给出了人民币实际有效汇率指数变化率的变动情况。在此基础上，对人民币实际有效汇率指数变化率的统计特征进行检验。表 3.6 给出了人民币实际有效汇率指数变化率的统计特征描述。

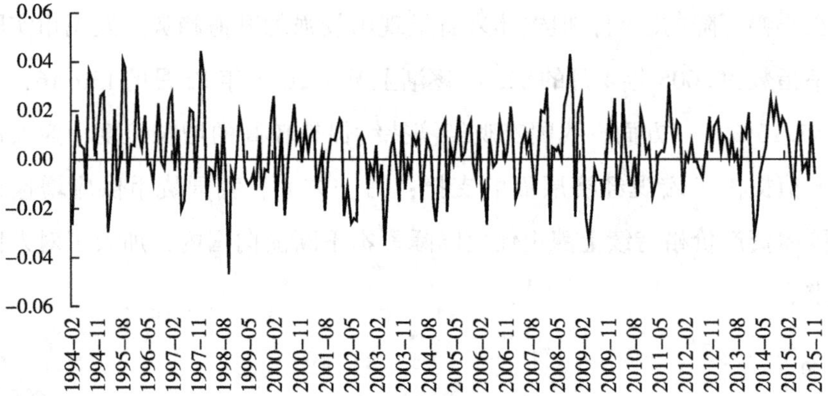

图 3.3　人民币实际有效汇率变化率

（数据来源：根据国际清算银行数据计算得出）

表 3.6　　　　人民币实际有效汇率变化的统计描述

中值	最大值	最小值	标准差	偏度	峰度	Jarque - Bera	Prob.
0.0029	0.0437	-0.0466	0.015	-0.054	3.128	9.3142	0.0065

人民币实际有效汇率变化率的偏度为 -0.054，具有左侧的拖尾形态，峰度为 3.128，尖峰形态较明显。Jarque - Bera 统计量大于 1% 显著水平下的临界值，具有厚尾的特征。因此，人民币实际有效汇率变化率具有尖峰厚尾的统计特征。对人民币实际有效汇率变化率的平稳性进行检验，其检验结果如表 3.7 所示。ADF 检验表明人民币实际有效汇率变化率是平稳的时间序列。

表 3.7 人民币实际有效汇率变化率的平稳性检验结果

<table>
<tr><td colspan="2" rowspan="2">ADF 检验统计量</td><td>t 统计值</td><td>Prob.</td></tr>
<tr><td>-12.19277</td><td>0</td></tr>
<tr><td rowspan="3">临界值</td><td>1%置信水平</td><td>-3.455193</td><td></td></tr>
<tr><td>5%置信水平</td><td>-2.87237</td><td></td></tr>
<tr><td>10%置信水平</td><td>-2.572615</td><td></td></tr>
</table>

在人民币实际有效汇率变化率为平稳实际序列的基础上，本书使用 GARCH 模型对其波动特征进行刻画，将每个样本期的方差时间序列作为人民币实际有效汇率波动程度的衡量标准。在人民币实际有效汇率变化率平稳的基础上，对其序列的自相关性进行数据分析。表 3.8 给出了人民币实际有效汇率变化率相关系数 AC（Autocorrelation）和偏相关系数 PAC（Partial Correlation）以及相应的 Q－Stat 统计量。

表 3.8 人民币实际有效汇率变化率的相关性检验结果

滞后期数	相关系数	偏相关系数	Q－统计量	概率 Prob.
1	0.338	0.338	4.372	0.025
2	0.011	-0.117	5.476	0.035
3	0.028	0.073	5.887	0.116
4	0.073	0.045	6.241	0.184
5	0.011	-0.033	8.331	0.138
6	-0.044	-0.034	8.709	0.193
7	-0.099	-0.086	9.147	0.241
8	0.004	0.066	18.63	0.016
9	-0.014	-0.052	20.56	0.015
10	-0.004	0.035	24.10	0.006

根据序列的相关性统计分析，滞后 1 阶、5 阶的相关系数较大，因此使用最小二乘法建立人民币实际有效汇率变化率的线性回归方程，其参数估计结果如表 3.9 所示。

表 3.9　　　　人民币实际有效汇率变化率的线性回归估计结果

变量	常数项	$REER_{t-1}$	$REER_{t-5}$
估计值	-0.00143	-0.0812	-0.0357
t 统计量	-5.1905	-1.8869	-1.6557

因此，人民币实际有效汇率变化率的均值方程如式（3.30）所示：

$$REER_t = -0.00143 - 0.0812REER_{t-1} - 0.0357REER_{t-5} + \hat{u}_t \quad (3.30)$$

对式（3.30）进行条件异方差 ARCH - LM 建议，滞后阶数为 5，检验结果如表 3.10 所示。

表 3.10　　　　对均值方程的 ARCH - LM 检验

F 统计量	16.3554	F 统计量 Prob.	0.0000
LM 统计量	44.5341	卡方检验 Prob.	0.0000

表 3.10 的检验结果表明，F 检验和卡方检验的值都在相应临界值的右方，即拒绝原假设的区域。这表明模型的误差序列存在条件异方差情形。基于此构建 GARCH（1，1）模型对人民币实际有效汇率变化率的残差项进行拟合。GARCH（1，1）模型的参数估计结果如表 3.11 所示。

表 3.11　　　　GARCH（1，1）模型参数估计结果

变量	$REER_{t-1}$	$REER_{t-2}$	常数 C	u_{t-1}^2	σ_{t-1}^2
估计值	-0.03262	-0.03875	7.56E-10	0.1257	0.8543
z 统计量	-0.6247	-0.8346	0.7524	3.6521	32.4581

GARCH（1，1）模型的表达式为

$$REER_t = -0.03262 \times REER_{t-1} - 0.03875 \times REER_{t-2} + \hat{u}_t \quad (3.31)$$

$$\sigma_t^2 = 7.564539 \times 10^{-10} + 0.1257 \times u_{t-1}^2 + 0.8543 \times \sigma_{t-1}^2 \quad (3.32)$$

通过 GARCH（1，1）模型，图 3.4 给出了人民币实际有效汇率的波动情况。图 3.4 表明，1994 年 2 月至 2015 年 12 月，人民币实际有效汇率的波动非常频繁。1994 年 2 月至 1998 年 7 月，人民币实际有效汇率波动幅度较大，随后至 2008 年 6 月间其波动的幅度逐渐下降。2008 年 7 月之后，人民币实际有效汇率又出现较大幅度的波动。2005 年 5 月之前，我国人民币汇率一直盯着美元，其间，东南亚金融危机的冲击对我国人民币实际有效汇率的冲击较大。2008 年国际金融危机爆发，对我国人民币实际有效汇率波动产生了较大的冲击。在国际金融危机之后，可以观察到人民币实际有效汇率波动幅度逐渐下降。

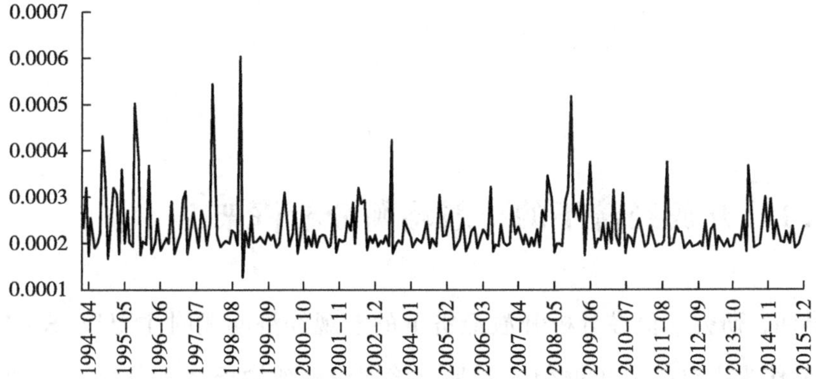

图 3.4 人民币实际有效汇率的波动

汇率冲击与经济波动：理论模型 4

4.1 开放经济下的一般均衡分析框架

早期，研究人员在分析开放经济下的宏观经济问题时主要以 IS - LM - BP 模型作为主要的分析框架。但是，该理论框架缺乏微观基础，受到一些学者的批评。Obsteld 和 Rogoff（1995）在政治经济学期刊上发表了文章"Exchange rate dynamics redux"，该文章将微观主体的优化过程引入开放经济的宏观分析框架，使得研究者能够通过该模型分析微观主体行为变化对宏观经济冲击的影响，进而也出现了被称为新开放经济宏观经济（new open - economy macroeconomic）的分析框架。该类文献重点研究了价格刚性、市场结构和不确定性对宏观经济的影响。

4.1.1 价格刚性

一般来讲，厂商定价行为是导致商品价格名义刚性（nominal rigidities）的重要原因。在 Redux 模型中，厂商会提前在一个时期的初始状态设定商品的价格。随后，厂商对商品价格的调整出现在这个时期的最后阶段。当市场中存在较大的冲击时，厂商对商品价格的调整不再表现为刚性而是呈现出价格黏性（price stickiness）的特征。Corsetti 和 Pesenti（1997）的研究表明，超过一定量的冲击会促使厂商的边际成本高于其商品价格，进而使厂商即使面临商品价格调整的菜单成本，也必须对商品价格进行调整以保持商品价格高于其边际成本。

在要素市场中，要素同样存在价格刚性现象。Redux 模型主要强调了劳动力价格的黏性。当需求的弹性保持不变时，垄断厂商在设定商品价格时通常采用的定价策略是在工资的基础上添加一个保持不变的价格加成（a constant markup）。因此，当工资呈现出黏性时，在短期内厂商最优的价格仍然是保持商品价格不变。在需求的跨国弹性相等且不变的情况下，即使违反一价定律也难以协调价格的弹性。在生产的国际化情况下，当地的劳动要素主要被用于当地生产，当本地工资呈现黏性的时候，将导致当地商品的价格刚性。即使跨国厂商在调整商品价格时不存在成本，当地商品仍然会出现价格刚性的情形。

在处理商品价格定价过程中，假定商品价格在前一期设定可能会导致价格水平在后期出现较大的离散性的跳跃。这种情形可以通过使用交错价格（Staggered price）定价来解决。交错价格定价是引入价格黏性的一种重要的方法，这种方式允许平滑价格水平的调整。交错价格定价意味着厂商在对商品进行定价过程中需要考虑前一期和未来其他厂商通过最优化行为得出的商品价格。Calvo 交错价格定价是较为常见的一种处理方法。Calvo（1983）的研究表明每一个厂商都会随机调整其商品价格水平，大量相互独立厂商的定价行为导致在特定的时期内将有特定数量范围的厂商进行价格上的变化，这样价格指数具有平滑的变量的特征，并且与时间的变化保持一致。Taylor（1980）和 Blanchard（1983）的研究表明，交错价格定价是一种潜在的持久性的价格变化机制，这种机制表明在厂商受到外部冲击时，其商品价格变化对冲击的响应并非同步而是存在较大的黏性。Kollman（1997）通过使用校准的方法对商品价格和工资进行了研究，发现商品价格和工资都具有较强的黏性。他通过使用 Calvo 交错价格调整规则观察了在遇到货币冲击时商品价格变化和工资变化的情形，Calvo 类型的名义刚性能够更好地拟合名义汇率和实际汇率的序列相关性，但是对产出等其他宏观变量的相关性拟合程度较低。

4.1.2 市场分割和因市定价

在经典的 Redux 模型中，一价定律始终是成立的。但是，Engel（1999）和其他一些学者的研究表明，可贸易商品价格在国际不同市场的差异解释了大部分的实际汇率变动。在新开放经济宏观经济学的分析中，后续研究者通过在基准模型中引入国际市场分割来介绍厂商的不同定价策略。市场分割意味着至少有一些厂商有能力对同一种商品在本国市场和外国市场设定不同的价格。那么，在事前的稳态下，厂商通过在边际成本上增加一个固定不变的加成来确定具有相等替代弹性的国内外商品市场上商品的价格。当系统受到外部冲击时，当地货币下的商品价格黏性意味着汇率的变化将导致对一价定律的偏离。包含当地货币价格黏性的因市定价（Pricing to market，PTM）将允许实际汇率出现变动，以分离国内外同种商品的价格水平。

Betts 和 Devereux（2000a）的研究表明，在 PTM 下汇率变动导致的支出转换效应将消失，汇率变化对消费的影响效果将下降。因此，满足货币均衡条件的汇率变动的程度被放大了。这是导致短期内汇率存在超调现象（exchange rate overshooting）的主要原因。更进一步来讲，由于国内和国外价格水平具有黏性，名义汇率的变动导致了实际汇率的变化和国际国内消费增长的分离。与之相比，国内和国外产出的相关性出现了上升。因为，在就本国货币来讲的固定不变的相对价格下，国内需求扩张导致了国内对进口商品需求的增加。在这种情形下，国际消费和产出的联动与国际经济周期（international business cycles）理论相一致。最终，在完全的 PTM 下，经常项目将保持平衡。

在 PTM 的假设前提下，汇率贬值能够实际上改善一个国家的贸易条件

(terms of trade)。就国外货币来讲，以其货币表示的商品价格不变的情况下，汇率贬值将导致国内货币标价的出口商品价格的上升。国内货币未预期到的扩张可能产生以邻为壑的政策效果，进而导致外国贸易条件的反向变化。Betts 和 Devereux（1997）通过使用校准方法研究了包含 PTM 和交错价格定价的模型。研究表明，PTM 与数据变化的拟合较好，其模型效果要优于基于一价定律的 Redux 模型对数据的拟合情况。实际汇率变动对国家间产出相关性的影响要强于对消费相关性的影响。Chari 等（1998b）的研究表明，即使厂商使用交错价格定价，外部名义冲击对实际汇率不能产生较持久的影响。产生这种现象的原因是具有弹性的劳动力市场意味着边际成本在总产出上升的时候也出现上升。不变的需求弹性意味着最优的价格加成是保持不变的，边际成本的增加导致厂商一旦有机会调整价格将同比例地增加商品的价格。

4.1.3 偏好和技术

指定家庭的偏好是具有微观基础的宏观模型的一个最关键的部分。新开放经济宏观经济学中有很多参数用来描述偏好，如，跨期替代弹性、不同层次商品的不同替代弹性。不同层次的商品包含国内与国外商品、贸易品和非贸易品、消费与闲暇、私人消费与政府消费以及消费与货币需求的利率弹性。

在 Redux 模型中，货币需求的消费弹性并不影响汇率的波动。在购买力平价下，每一个国家面临着相同的实际利率和消费增长率，冲击并非汇率出现超调的原因。名义汇率的波动等于基础货币冲击的波动。相反在 PTM 下，同一种商品的本国价格和外国价格能够产生分离。此时，货币需求的消费弹性成为决定名义汇率对一个冲击响应的关键参数。

一般情况下，消费和闲暇分开进入效用函数。这种情形与平衡增长路径是不相符合的。如果趋势性技术过程仅发生在市场部门，当一个国家变得更加富有，劳动供给将连续性下降，趋势的收敛将导致劳动供给变为 0。Chari

等（1998b）另外考虑了真实经济周期文献中的基准偏好，并且与其平衡增长路径保持一致。在其表达式中，消费和闲暇的替代弹性是一个不确定的值。在这种偏好下，货币冲击将导致国内产出的上升和国内相对消费的上升，以替换多余工作带来的效用下降。这将缓解货币冲击对实际利率影响的效应，降低了货币冲击对实际汇率波动增加的解释力度。Chari 等（1998b）认为消费和闲暇之间分离的偏好可以用来解释汇率波动过高的原因。

Hau（2000）在分析过程中引入了贸易商品和非贸易商品的概念。在 Redux 模型中这两类商品的偏好具有相同的结构。Hau 的研究表明非贸易商品的偏好增加了汇率对货币冲击响应的波动程度。由于非贸易商品价格受到名义工资黏性的影响，一个较大的汇率变动需要伴随一个较大的价格水平变化。非贸易商品的存在意味着需求扩张是基于国内商品需求的，将增加国内相对于国外的商品需求。在向新的稳态变化过程中，实际汇率有较强的升值预期。基于消费的实际利率相对于国外来讲将下降很多。这将导致更大程度的消费差异。两种因素降低了价格水平对货币冲击的影响，因而部分地对冲了由于非贸易商品存在导致的汇率波动上升。

Warnock（1998）考察了可贸易商品效用中的本土偏好（home bias）效应。国内消费者通过消费国内可贸易商品来获取更高的效用，同时国外消费者也通过相同的方式获取更高的效用。在本土偏好情形下，国内货币扩张带来的福利水平提升要高于国外福利水平的提升。因此，这种福利水平的提升并不是对等获得的，这一结论与 Redux 模型的结论是相反的。这种结论的成立主要是由于对国内和国外商品的相对需求不仅仅依靠商品的相对价格，同时也依赖家庭的全球支出在国内和国外的分配情况。净外国资产的积累从商品的相对价格来讲具有较强的财富效应，这种财富效应通过需求的构成和劳动供给渠道产生作用。因此，实际汇率主要依赖贸易条件，相对来讲，不再是保持不变。名义汇率在响应货币冲击时将产生超调现象。

4.1.4 金融结构

在Redux模型中，仅允许无风险的真实债券进行国际交易。这种假设导致了国际资本市场上的不完整性。相反，很难想象在一个足够复杂的世界中，在国际风险分担完全成立的时候，商品价格和工资仍然存在刚性。但是，为了分析的便利性，很多研究者在进行相关问题研究时仍然假设了资本市场的完整性。

在完整的市场和一价定律的前提下，完整的无风险分担意味着在货币冲击下财富的增长没有发生变化。这种假设排除了Redux模型中包含一种持久作用的渠道，通过这个渠道相对财富的变化会对相对劳动供给进而对相对产出和相对价格产生持久性的影响。同样，完全市场的假定通过消除经常账户和净国外资产一个动态传导机制来简化分析。在PTM模型中，Chari等（1998b）的研究比较了完全市场和仅能交易国内货币名义债券的市场中货币冲击导致的不同效应。金融市场的不完备性对货币冲击的持续性仅带来较小的影响。因为，均衡的经常账户变动是非常小的。在PTM机制下，无论国内商品还是国外商品的国内消费都会由于一个正向的国内货币冲击产生较小的变化。但是，国内将增加对进口商品的需求，这种增加来源于出口收益的国内货币价值上升。因此，外国货币价格保持不变，汇率将贬值。实际上，在对数可分离的偏好中，经常账户完全保持平衡以至于货币冲击无法产生持久的效应。

Betts和Devereux（1999）的研究表明，货币冲击的国际传导在两个资产市场结构不同的市场中的效应差别很小。这主要是因为均衡的经常账户变动非常小。Sutherland（1996）的研究将贸易摩擦（Trading frictions）引入新开放经济宏观经济分析框架。该文献通过假定金融市场中仅有债券交易，在购买国外债券时将带来调整成本。贸易摩擦的影响是允许国内利率能够偏离国外利率水平。在国内货币冲击的情况下，国内利率下降并且产生了一个负向的利率差异。负向利率偏移带来了较大的相对国内消费跳跃，这些因素导致了较小的汇率贬值。最终，汇率将偏离其长期水平。同样，不完美的金融整合将带来较低水平的汇率和消费波动，但会导致较大的产出和利率波动。消费最终追随产出的变化轨迹，因此将会呈现出较低程度的经常账户失衡。金融市场一体化的障碍将对价格的惯性程度带来较大的影响。价格惯性越大，对冲击响应的产出调整越慢，这将导致更多的主体通过国际金融市场来平滑消费。Senay（1998）的研究表明，在商品市场分割情况下，金融市场的整合能够降低产出对货币冲击的响应。但是，如果商品市场是一体化的市场，金融市场整合将扩大产出对货币冲击的响应。

4.2 汇率冲击对经济波动影响的理论模型构建

新开放经济宏观经济学（New Open Economy Macroeconomics，NOEM）理论的发展为研究汇率变化的宏观经济影响提供了新的分析框架。近年来，随着 Bayesian 估计技术的发展，动态随机一般均衡模型能够使用全信息、极大似然方法进行参数估计，进而为货币政策分析提供了一个灵活的分析方法。结构实证模型也逐渐成为宏观经济分析中一种重要的方法。本节将构建一个两国的 DSGE 模型，来研究汇率冲击对宏观经济波动的影响。本模型中以本国表示中国，以国外表示美国。假定在短期内能够内生地导致对购买力平价的偏离，长期中这种偏离将消失。特别地，同一种商品在不同市场将呈现出不同的价格，生产者能够在国内市场垄断地设定商品价格。假定垄断的进口厂商会在国内消费者要价上加上一个价格加成，因此进口商品面临价格歧视。偏好和技术在两个国家之间是对称的，允许厂商使用不同的定价策略，政策和扰动会对两个国家都产生影响。

4.2.1 国内家庭行为

假定国内经济由连续的家庭组成。家庭的偏好由跨期效用函数表示，即

$$E_0\left\{\sum_{t=0}^{\infty}\beta^t\left[\frac{(\ell_t/A_{W,t})^{1-t}}{1-\tau}-N_t\right]\right\} \tag{4.1}$$

其中，$\ell_t = C_t - h\gamma C_{t-1}$ 表示消费习惯形成下的有效消费。N 表示生产中的劳动投入，在家庭效用函数中表示劳动带来的效应与消费带来的效应相反，即劳动对家庭带来负的效应，因此在 N 的前面加上负号。假定消费习惯由家庭内部化，参数 h 表示消费习惯的持续参数，参数 γ 表示状态依存下的技术增长率。τ 表示相对风险厌恶系数，其值大于0。β 是贴现因子，其取值区间为［0，1］。$A_{W,t}$ 表示非平稳的世界性的技术冲击，此时，定义 $z_t = \frac{A_{W,t}}{\gamma A_{W,t-1}}$。在家庭效用函数中包含 $A_{W,t}$ 的原因是家庭的效应是来自相对于一定技术水平下的有效消费，同时能够保证模型在家庭工作时间为平稳时，存在平衡的增长路径。C_t 表示总的消费指数，由式（4.2）表示如下：

$$C_t = \left[(1-\alpha)^{\frac{1}{\eta}}C_{H,t}^{\frac{\eta-1}{\eta}} + \alpha^{\frac{1}{\eta}}C_{F,t}^{\frac{\eta-1}{\eta}}\right]^{\frac{\eta}{(\eta-1)}} \tag{4.2}$$

这里，α 表示进口份额，其取值范围为［0，1］。η 表示国内消费商品和国外消费商品的跨期替代弹性，其取值大于0。家庭通过需求函数对总支出在国内消费和国外消费间进行分配。每一种国内或者国外商品的消费都根据其需求曲线得出，消费数量和对应商品价格指数之间的关系：

国内某一种商品消费面临的需求曲线为：$C_{H,t}(i) = \left(\frac{P_{H,t}(i)}{P_{H,t}}\right)^{-\varpi}C_{H,t}$

国外某一种商品消费面临的需求曲线为：$C_{F,t}(i) = \left(\frac{P_{F,t}(i)}{P_{F,t}}\right)^{-\varpi}C_{F,t}$

因此，国内或者国外商品的总需求曲线为

国内消费部分为 $C_{H,t} = (1-\alpha)\left(\frac{P_{H,t}}{P_t}\right)^{-\eta}C_t$

国外消费部分为 $C_{F,t} = \alpha\left(\frac{P_{F,t}}{P_t}\right)^{-\eta}C_t$

$P_{H,t}$ 表示国内商品价格指数，$P_{F,t}$ 表示国外商品价格指数，则基于消费商品的价格指数表示为：

$$P_t = \left[(1-\alpha)P_{H,t}^{1-\eta} + \alpha P_{F,t}^{1-\eta}\right]^{\frac{1}{1-\eta}} \tag{4.3}$$

对经济中家庭加总，那么家庭面临的总体预算约束为

$$P_{H,t}C_{H,t} + P_{F,t}C_{F,t} + E_t[Q_{t,t+1}D_{t+1}] \leqslant W_tN_t + D_t - T_t \tag{4.4}$$

式（4.4）中，W_t 表示厂商给予家庭劳动要素投入的名义工资，Q_t 表示用于评估消费流的随机贴现因子。D_t 表示一个资产组合的支付情况，因此，$E_t[Q_{t,t+1}D_{t+1}]$ 表示在时间 t 时，家庭购买的资产组合数量。假定国内外资产市场是完备的，资产组合代表着一组完备的状态依存的收益要求权。T_t 表示政府对家庭在 t 期一次性的税收，这些税收为政府购买提供资金来源。

在给定家庭的跨期总效用函数和面临的总约束条件后，其优化问题即在预算约束条件下，实现其跨期总效用最大化。定义家庭中劳动与闲暇之间的跨期最优条件为 $\lambda_t^{-1} = W_t/P_t$，λ 表示家庭收入的边际效用。根据动态优化求解过程，可得出跨期消费的最优方程为

$$A_{W,t}\lambda_tP_t = C_t^{-\tau} - h\gamma\beta E_t\left[\frac{A_{W,t}}{A_{W,t+1}}c_{t+1}^{-\tau}\right] \tag{4.5}$$

最优的投资组合应满足的方程为

$$Q_{t,t+1} = \beta\frac{\lambda_{t+1}}{\lambda_t}\frac{P_t}{P_{t+1}} \tag{4.6}$$

假定投资组合主要由政府债券构成，根据式（4.6）可以得出持有该组合的名义利率为

$$R_t^{-1} = \beta E_t\left[\frac{\lambda_{t+1}}{\lambda_t}\frac{P_t}{P_{t+1}}\right] \tag{4.7}$$

因此，该债券能够成为政府在货币市场上的政策操作工具。

4.2.2 国内生产厂商行为

国内生产厂商构成一个垄断竞争的商品供给市场。国内不同类型的商品

由这些连续性的垄断竞争厂商在 Calvo 定价策略下进行生产。假定在每一期有 $1-\theta_H$ 的国内厂商重新设定优商品价格，而 θ_H 的国内厂商根据稳态通货膨胀率 π 进行价格调整。为简化分析，假定国外厂商采用相同的价格调整策略。对于每一个厂商需要在面临向下倾斜的需求曲线下来优化跨期收益的贴现值。假定厂商 j 在区间［0，1］上分布，对厂商生产产品的需求国内部分主要来源于两个部分：一部分是国内家庭的商品需求 $C_{H,t}$，另一部分是国内的政府消费支出 $G_{H,t}$，国外厂商面临着与国内厂商相同形式的需求。厂商在生产过程中满足线性生产函数，即

$$Y_{H,t}(j) = A_{W,t}A_{H,t}N_t(j) \tag{4.8}$$

这里 $A_{H,t}$ 表示稳态的和特定国家的技术冲击。

厂商能够在时期 T 通过调整商品价格重新优化其收益，即

$$E_T\left[\sum_{t=T}^{\infty}\theta_H^{t-T}Q_{T,t}Y_{H,t}(j)\left[P_{H,t}(j)\pi^{t-T} - P_{H,t}MC_{H,t}\right]\right] \tag{4.9}$$

厂商对于商品 j 的价格 $P_{H,T}(j)$ 根据其面临的需求函数得出：

$$Y_{H,t}(j) = \left(\frac{P_{H,t}(j)}{P_{H,t}}\right)^{-\omega}(C_{H,t} + G_{H,t} + C_{H,t}^*) \tag{4.10}$$

这里，$MC_{H,t} = \dfrac{W_t}{P_{H,t}}$ 对所有的厂商均成立，主要是因为厂商在劳动力市场中处于完全竞争的市场。厂商通过家庭的随机折现因子 $Q_{T,t}$ 来评估其收益现金流。θ_H^{t-T} 表示特定的厂商在时间 T 到 t 之间不进行商品价格调整的概率。国内厂商的最优化问题意味着商品价格是其生产边际成本加上随时间变化的一个价格加成。

4.2.3 国内进口商品厂商行为

参考 Monacelli（2005）的研究，本书假定在短期内由于垄断竞争进口厂商的存在将导致可贸易商品价格偏离购买力平价理论。国内消费者需要从国内进口厂商购买由国外生产厂商生产的商品，国内进口商品厂商具有一定的

市场定价实力。进口厂商在国际商品市场上以国外货币标价的，价格为 $P_{F,t}^{*}(j)$ 购买国外商品 j。一价定律在这个时期是成立的。当进口商品厂商将购买的国外商品销售给国内的消费者时，将根据购进成本在原有进口商品价格上增加一个价格加成。这个价格加成在国外商品的进口价格和国内市场销售价格之间形成了一个楔子。定义贸易商品价格对一价定律的偏离缺口为

$$\phi_{F,t} = \frac{e_t P_{F,t}^{*}}{P_{F,t}} \tag{4.11}$$

当贸易商品价格对购买力平价成立时，则有 $\phi_{F,t} = 1$ 。这样，汇率变化对国内货币标价的进口商品价格传递将呈现出不完全传递的态势，进口厂商的定价行为将从消费者处获取额外的最优收益。

与国内商品生产厂商面临的最优化问题类似，进口厂商同样采取 Calvo 价格设定规则。$1-\theta_F$ 的进口厂商在每一期都会优化其商品价格。进口厂商最大化其贴现预期收益为

$$E_T\left[\sum_{t=T}^{\infty}\theta_H^{t-T}Q_{T,t}C_{F,t}(j)\left[P_{F,t}(j)\pi^{t-T} - e_t P_{F,t}^{*}(j)\right]\right] \tag{4.12}$$

进口厂商面临的商品需求曲线为

$$C_{F,t}(j) = \left(\frac{P_{F,t}(j)}{P_{F,t}}\right)^{-\omega} C_{F,t} \tag{4.13}$$

这里我们假定国内政府不会购买国外厂商生产的商品。对于特定商品来说，购买进口商品的边际成本为对一价定律的偏离缺口。因此，国内进口厂商以国内货币在 $\phi_{F,t}$ 增加一个随时间变化的价格加成设定国外商品价格。这种对购买力平价理论的内生性偏离将导致进口商品价格通货膨胀率与一价定律缺口之间存在一个此消彼长的关系。

4.2.4 国外经济行为

假定经济中的偏好和技术在本国经济和国外经济中具有对称性，商品价格设定和货币政策能够出现差异性。因此，对国外经济参与主体行为的描述

方程与国内经济中参与主体的行为方程具有相似性。定义实际汇率为

$$s_t = \frac{e_t P_t^*}{P_t} \tag{4.14}$$

根据国内外经济对称性原则，国外实际汇率为 $s_t^* = s_t^{-1}$。另外，由于存在对一价定律的偏离，国内和国外的贸易条件存在差异。国内的贸易条件为以国内货币标价的出口商品价格与进口商品价格的比，即

$$q_t = \frac{P_{H,t}}{P_{F,t}} \tag{4.15}$$

对应的国外的贸易条件为

$$q_t^* = \frac{P_{F,t}^*}{P_{H,t}^*} \tag{4.16}$$

根据实际汇率的定义式，可以得出国内与国外贸易条件之间满足的关系：

$$\frac{\phi_{F,t}}{q_t} = \frac{\phi_{H,t}^*}{q_t^*} \tag{4.17}$$

只有在汇率变化对价格具有完全的传递效应时，国内和国外的贸易条件趋于相等。

4.2.5 风险分担，市场出清和均衡

在完备的国际资产市场中，家庭能够在两国之间通过持有债券而实现完美的风险分担。在经济系统达到均衡时，两国之间的随机贴现因子必须相等，即应该满足下述方程：

$$\beta \frac{\lambda_{t+1}}{\lambda_t} \frac{P_t}{P_{t+1}} = Q_{t,t+1} = \beta \frac{\lambda_{t+1}^*}{\lambda_t^*} \frac{P_t^*}{P_{t+1}^*} \frac{e_t}{e_{t+1}} \tag{4.18}$$

商品市场出清的条件应该满足：

$$Y_{H,t} = C_{H,t} + G_t + C_{H,t}^* \text{ 和 } Y_{F,t}^* = C_{F,t}^* + G_t^* + C_{F,t} \tag{4.19}$$

更进一步，本书假定两国的经济总量相当。在初始稳定状态下，两国持

有的金融资产头寸均为0。这表明，在稳态下贸易余额达到平衡，任一国家均不存在净资产积累。

4.3 模型对数线性化

为进一步分析不同变量冲击对系统的影响，本书在系统的均衡增长路径附近对模型进行对数线性化处理。在模型中，本书将对实际利率、通货膨胀率、增长率和技术施加一种常见的稳定状态。由于模型包含非稳定成分的全球生产率增长，因此，通过对受影响变量的增长部分进行分解，来去除其中的非稳定变化部分。本书对模型中的所有变量在其稳态附近进行对数差分处理，即变量均使用下式所示的变化过程：

$$\tilde{x}_t = \log x_t - \log \bar{x} \tag{4.20}$$

其中，$\tilde{x}_t$ 表示其对稳态值的偏离程度，$\bar{x}$ 表示变量的稳态值。

对国内厂商商品定价问题求解能够得出国内通货膨胀率和国内厂商边际成本之间的线性近似关系，即

$$\tilde{\pi}_{H,t} = \beta E_t \tilde{\pi}_{H,t+1} + \kappa_H \tilde{mc}_t \tag{4.21}$$

这里，$\kappa_H = \frac{1-\theta_H}{\theta_H}(1-\theta_H\beta)$。

使用劳动闲暇的选择条件方程，国内厂商的边际成本项可以表示为

$$\tilde{mc} = -\tilde{\lambda}_t - \alpha\tilde{q}_t - \tilde{A}_t \tag{4.22}$$

$\tilde{\lambda}_t$ 表示收入的边际效用，其具体表达式为

$$-\tilde{\lambda}_t = \frac{\tau}{1-h\beta}\tilde{C}_t - \frac{h\beta}{1-h\beta}E_t[\tau\tilde{C}_{t+1} + \tilde{z}_{t+1}] \tag{4.23}$$

消费习惯存量的变动法则满足式：

$$(1-h)\tilde{C}_t = \tilde{c}_t - h\tilde{c}_{t-1} + h\tilde{z}_t \tag{4.24}$$

当 $h=0$ 时，模型简化成为标准的消费偏好方程。世界范围的冲击对厂商生产中的边际成本不会产生影响，仅有特定国家的冲击能够对厂商的边际成本产生影响。但是这种冲击能够影响消费的跨期权衡，下式给出了消费习惯动态变化过程。

$$-\tilde{\lambda}_t = -E_t\tilde{\lambda}_{t+1} - (\tilde{R}_t - E_t\tilde{\pi}_{t+1}) + E_t\tilde{z}_{t+1} \tag{4.25}$$

进口厂商的价格设定问题能够简化成为由进口商品价格表示的通货膨胀率与一价定律缺口之间的此消彼长关系。即

$$\tilde{\pi}_{F,t} = \beta E_t\tilde{\pi}_{F,t+1} + \kappa_F\tilde{\phi}_{F,t} \tag{4.26}$$

这里，$\kappa_F = \dfrac{1-\theta_F}{\theta_F}(1-\theta_F\beta)$。进口商品价格变化导致的通胀为

$$\tilde{\pi}_t = \alpha\tilde{\pi}_{F,t} + (1-\alpha)\tilde{\pi}_{H,t} \tag{4.27}$$

相应的贸易条件为

$$\tilde{q}_t = \tilde{q}_{t-1} + \tilde{\pi}_{H,t} - \tilde{\pi}_{F,t} \tag{4.28}$$

因此，通货膨胀的动态变化主要依赖三个方面的因素：一是国内商品价格对通货膨胀的驱动。二是贸易商品的国际相对价格的变化。三是由于存在汇率变化对商品价格不完全传递，模型中内生动力将对购买力平价产生偏离，这种偏离对通货膨胀动态变化产生驱动。

实际汇率的行为方程对数线性化后为

$$\tilde{s}_t = \tilde{\phi}_{F,t} - (1-\alpha)\tilde{q}_t - \alpha\tilde{q}_t^* \tag{4.29}$$

式（4.29）能够捕获一价定律缺口的扰动和各国自身贸易条件的变化。参考实际汇率的动态变化方程，能推导出名义汇率的动态变化方程：

$$\Delta\tilde{e}_t = \tilde{\pi}_t - \tilde{\pi}_t^* + \Delta\tilde{s}_t \tag{4.30}$$

对名义债券定价方程进行对数线性化后，利率的差异可以表示为期望汇率的贬值，即非抛补的利率平价成立：

$$\tilde{R}_t - \tilde{R}_t^* = E_t\Delta\tilde{e}_{t+1} \tag{4.31}$$

进一步来讲，国际风险分担意味着跨国边际效用对购买力平价会出现调整的过程。

$$\widetilde{\lambda}_t = \widetilde{\lambda}_t^* - s_t \tag{4.32}$$

商品市场出清条件对数线性化处理后变为

$$\widetilde{y}_{H,t} = \widetilde{c}_t - \widetilde{g}_t - \frac{\alpha}{\tau}\widetilde{s}_t - \alpha(1-\alpha)\eta(\widetilde{q}_t - \widetilde{q}_t^*) \tag{4.33}$$

式（4.33）表示产出的变化受到家庭消费需求和政府支出需求的影响，以及汇率等相对价格的影响。家庭消费变动和政府支出对产出变动能够产生直接的影响，并不需要通过消费和闲暇边际替代率改变而间接地影响产出波动。

在上述建模过程中，并没有考虑中央银行的政策行为。为将模型构建完整，需要引入货币决策机构——中央银行的行为方程。假定中央银行的利率变动主要受到通货膨胀率变化、产出变化、汇率贬值等因素的影响，因此其行为方程可以表示为

$$\widetilde{R}_t = \rho_R \widetilde{R}_{t-1} + (1-\rho_R)[\phi_1 \widetilde{\pi}_t + \phi_2(\Delta\widetilde{y}_t + \widetilde{z}_t) + \phi_3 \Delta\widetilde{e}_t] + \varepsilon_{R,t} \tag{4.34}$$

上述货币政策规则是标准的泰勒规则，中央银行将对经济中产出增长偏离其均衡增长率进行调整，即对产出缺口进行响应。

模型中的外生冲击满足自回归随机过程，即

$$\widetilde{z}_t = \rho_z \widetilde{z}_{t-1} + \varepsilon_{z,t}; \widetilde{A}_t = \rho_A \widetilde{A}_{t-1} + \varepsilon_{A,t}; \widetilde{A}_t^* = \rho_{A^*} \widetilde{A}_{t-1}^* + \varepsilon_{A^*,t};$$

$$\widetilde{G}_t = \rho_G \widetilde{G}_{t-1} + \varepsilon_{G,t}; \widetilde{G}_t^* = \rho_{G^*} \widetilde{G}_{t-1}^* + \varepsilon_{G^*,t} \tag{4.35}$$

经过对系列经济主体行为方程的对数线性化处理，式（4.21）（4.23）（4.24）（4.26）（4.27）（4.28）（4.29）（4.30）（4.31）（4.32）（4.33）（4.34）以及对应的国外经济行为的描述方程构成了研究汇率冲击对宏观经济影响的分析框架。下一章，将结合中国和美国的实际数据，对模型中的参数进行估计和校准，之后再通过构建相关变量的脉冲响应函数来分析汇率冲

击对各宏观经济变量的影响。

4.4　影响机理分析

根据上文所构建的开放经济下的动态随机一般均衡模型在市场出清时所满足的均衡条件，可以得出汇率波动与消费波动、贸易收支波动、通货膨胀波动及产出波动之间的关系，通过这些关系能够分析汇率波动对宏观经济变量波动的影响机理。

4.4.1　汇率波动对消费波动的影响

结合式（4.22）和式（4.23），本书可以得出消费波动与汇率波动之间的关系。这种关系表明，本国的消费预期波动受到国外消费波动、本国实际利率波动、实际汇率波动和消费的跨期替代弹性的倒数的影响。在其他条件不变时，实际汇率波动增加将导致本国消费预期波动的增加。实际汇率波动增加表明本国汇率处于贬值状态，本国汇率的贬值通过支出转换效应和收入吸收效应对国内家庭的消费产生影响。从支出转换效应来讲，本国货币贬值导致国外商品价格相对于本国商品价格上升，国内家庭将消费更多的国内商品。当国内商品与国外商品的替代弹性较大时，国内商品需求的增加将超过对国外商品需求的减少，这从整体上提高了国内家庭的消费。从收入吸收效应来讲，本国汇率贬值会增加本国的净出口，净出口的增加会增加本国产出，国内产出增加会提高国内家庭的收入水平。在本国利率水平不变情况下，国内家庭将增加消费。上述分析中暗含汇率变化对贸易商品价格的传递效应是完全的。当存在不完全的汇率传递时，汇率贬值的支出转换效应将会被削弱。当国内进口厂商通过利润加成来吸收本国汇率贬值导致的利润下降时，进口商品的价格可能并不会对汇率贬值而进行调整，因此，国内家庭并不会改变对进口商品的需求。这样，本国汇率贬值的支出转换效应将被削弱。

4.4.2 汇率波动对贸易收支波动的影响

根据国内厂商进口行为式（4.12）、式（4.13）和对应国外厂商进口行为方程式，可以得出贸易收支与汇率波动之间满足的关系。这种关系表明，本国贸易收支受到国内消费、实际汇率、国外消费和贸易条件的影响。在其他条件不变时，实际汇率波动的增加会导致贸易收支波动的增加。实际汇率波动的正向增加表明汇率处于贬值状态。当汇率完全传递时，本国货币贬值将使国内出口商品价格相对于国外商品价格下降，国外家庭将增加对本国商品的需求，国内家庭将减少对国外商品的需求。总体而言，本国汇率贬值促使本国贸易收支增加。当汇率传递效应不完全时，本国货币贬值对进出口商品价格的传递效应减弱。此时，本国贸易收支将受到汇率对进出口商品价格的传递率、国内商品需求的价格弹性和国外商品需求的价格弹性的影响。在国内外商品需求的价格弹性不变时，只有汇率变化对贸易商品价格的传递率增大到一定程度时，汇率贬值才能增加本国贸易收支。

4.4.3 汇率波动对通货膨胀波动的影响

根据式（4.30）可以得出实际有效汇率波动与国内通货膨胀率之间的关系。这种关系表明，国内通货膨胀率波动主要受到国外通货膨胀率波动、实际汇率波动和名义汇率波动的影响。在其他条件不变时，当名义汇率波动增加将导致国内通货膨胀波动的增加，并且两者呈同方向变化，实际汇率波动与通货膨胀则呈现反方向变化。汇率变化对通货膨胀的传导主要为两个渠道：一个渠道是汇率冲击将导致国际资本市场上利率水平的变化，当汇率出现贬值时，在资本完全流动时，国内利率将出现下降，本国货币供应量增加，价格水平上升。另外一个渠道是汇率冲击将通过汇率传递效应直接影响可贸易商品价格。在可贸易商品价格完全具有弹性时，即汇率变化及时地反映在可贸易商品价格中，贬值将导致进口商品价格上升，进而传导至整个商品价格水平出现上升。资本市场价格调整速度要远快于商品市场价格水平的调整速度，如果及时通过外汇市场干预降低汇率波动冲击，国内商品价格水平通胀的波动将会得到熨平。

4.4.4 汇率波动对产出波动的影响

式（4.33）给出了汇率波动与产出波动之间的关系。这种关系表明产出波动受到本国消费波动、外国消费波动、实际汇率波动和贸易条件波动的影响。在其他条件不变时，实际汇率波动增加将导致产出波动增加。实际汇率的正向波动表明国内货币处于贬值状态。在汇率完全传递时，本国货币贬值导致国内消费和贸易收支增加，这促使国内产出增加。而在汇率不完全传递时，贸易商品价格并不会对本国货币贬值作出完全的反应。这将削弱本国货币贬值对国内产出的促进效果。同时，汇率波动对国内产出波动还受到本国消费品在消费篮子中的比例、国际商品之间的替代弹性的影响。

5 汇率冲击与经济波动：实证研究

5.1 DSGE 模型实证分析的演进

新开放经济宏观经济学理论模型发展对国际金融问题的讨论框架向前进行了推进，使得在宏观经济问题分析时能够将微观基础考虑进来。同样，在理论分析框架的不断发展过程中，将实证方法与理论分析模型相结合，为新开放经济宏观经济理论提供了与实践紧密结合的途径。通过使用 DSGE 方法构建的模型能够对相关汇率问题提供理论上的分析，相应的实证方法能够对这些理论分析提供数量实证基础。国外研究者通过各种途径将新开放经济宏观经济学的理论分析框架与宏观经济数据进行了结合。Schmitt – Grohe（1998）通过对比由结构向量自回归模型得出的脉冲响应函数与通过新开放经济宏观经济学理论分析得出的脉冲响应函数，研究了经济周期在加拿大经济中的传导过程。Ghironi（2000）使用 GMM 方法对新开放经济宏观经济学模型中的一阶最优条件进行了参数估计。这些研究推进发展了新开放经济宏观经济学实证方法的研究。

近年来，在对 DSGE 模型的估计技术中，Bayesian 方法受到越来越多的研究者的重视与应用。Leeper 和 Sims（1994）使用全信息极大似然估计方法对 DSGE 模型中的参数，通过这种方法得到了可以进行货币政策实证研究的计量模型。因此，结构性的实证模型逐渐成为非结构模型和部分信息模型的重要变种。使用类似的方法，Smets 和 Wouters（2003）估计出封闭经济下，基于欧洲数据和优化方法的理论模型，估计出的模型与实践数据吻合程度较高。此后，Bayesian 估计方法逐渐被应用到开放经济 DSGE 模型的估计中。大多数可以使用实践数据估计的 NOEM 模型多为小型开放经济模型（Small Open Economy，SOE）。Bergin（2003）最早使用极大似然方法估计了 SOE 模型中的参数，该 SOE 模型是包含名义刚性和货币冲击的跨期优化模型。这些研究表明，更多参数的 SOE 模型的预测特性能够与没有理论支撑的向量自回归模型相媲美。

从建模的角度来看，大多数的 SOE 模型可以被认为是对封闭经济下新凯恩斯框架（New Keynesian）的拓展。Gali 和 Monacelli（2005）构建的小型开放经济模型可以被认为是简化形式的结构型新凯恩斯范式模型。NOEM 框架对估计货币政策规则提供合适的识别约束起到一定的作用。同时，应用于 DSGE 模型估计中的极大似然函数能够较有效修正解决货币政策规则解释变量的内生性问题。基于全信息（full information）的估计方法通过将最优政策工具嵌入交叉模型约束中，使得模型识别问题更为显性。Lubik 和 Schorfheide（2003）通过使用基于 SOE 的 DSGE 模型研究表明，在澳大利亚、新西兰、英国和加拿大的中央银行中，仅有加拿大的中央银行对其汇率的变动进行了响应。

在发展基于两国的 DSGE 模型的基础上，新开放经济宏观经济学理论还被一些机构用于构建大规模的多国 DSGE 模型，以帮助其机构对货币政策进行分析。如 Erceg 等（2005）介绍了美联储开发的 SIGMA 模型，Laxton 和 Pesenti（2003）介绍了国际货币基金组织开发的 Global Economic Model（GEM）。大规模的 DSGE 模型要求具备非常高的计算能力，通过校准方法能够进行相关的实验性的冲击分析。构建开放经济下的 DSGE 模型较难的地方在于刻画国际经济中的不同联系，如国际风险分担的程度，进出口市场的结构，厂商对商品价格的决定以及汇率变化对国内商品价格变化传递的程度。另外，在开放宏观经济模型中，能够合理地解释名义和实际汇率的变化行为将是最为关键的。

5.2 结构参数的 Bayesian 估计

本节主要通过 Bayesian 估计的方法对构建的结构模型中的参数进行估计。Bayesian 估计方法具有三个重要的特征。一是 Bayesian 估计方法是基于模型系统的估计，这与货币政策规则和优化问题中一阶条件估计使用的 GMM 方法存在显著差别。Bayesian 估计方法能够很好地与求解后的 DSGE 模型中的总体时间序列很好地进行拟合。二是 Bayesian 估计中使用的极大似然函数是通过 DSGE 模型产生的。这与向量自回归模型估计时采用的极大似然函数是有差距的。因此，基于 DSGE 的脉冲响应函数与经过识别的向量自回归模型得出的脉冲响应函数存在差异。三是在 Bayesian 估计中，先验分布能够被用于涵盖参数估计中额外信息。

5.2.1 估计的理论基础

对 DSGE 模型的任何估计方法都必须解决潜在的模型错误识别和缺乏识别问题。DSGE 模型对时间序列施加的潜在无效的交叉系数约束会导致相对于向量自回归模型来说的较差的样本拟合结果。比如，为了保证两国 DSGE 模型的简易性和估计的易处理性，在模型中假定国家之间具有相同的消费偏好，生产率、风险分担的完美性，非抛补的利率平价具有共同的变化趋势等。DSGE 模型不同的参数化将带来本质上极大的差异，但模型面临的却是相同的实际数据，因此，这将导致模型不能很完整地被识别。由于将结构性参数对应到简化形式的非线性状态空间方程，这会导致较难对 DSGE 模型进行简单的可核实的识别。因此，需要从其他的数据集合获取更多的信息来对

DSGE 进行有效识别。

对数线性化之后的 DSGE 模型能够被写成理性预期系统的表达形式，即

$$\Gamma_0(\theta)s_t = \Gamma_1(\theta)s_{t-1} + \Gamma_\varepsilon(\theta)\varepsilon_t + \Gamma_\eta(\theta)\eta_t \tag{5.1}$$

其中，s 表示模型中变量的向量，如模型中的变量 $\tilde{y}_t, \tilde{\pi}_t, \tilde{R}_t$。向量 ε_t 表示外生过程的累计冲击，η_t 表示理性预期预测误差的组合。外部冲击过程的动态被定义的矩阵 Γ 和模型中的结构性参数 θ 所吸收。这样，式（5.1）能够被表示为

$$s_t = \Phi_1(\theta)s_{t-1} + \Phi_\varepsilon(\theta)\varepsilon_t \tag{5.2}$$

关于模型变量向量 s_t 对可观察向量 y_t 的测度方程为

$$y_t = A(\theta) + Bs_t \tag{5.3}$$

在本研究中，向量 y_t 由可观察的变量产出增长、通货膨胀率、名义利率和美元兑人民币汇率构成。矩阵 B 不依赖参数 θ，而是为通过矩阵运算选取向量 s_t 中的部分元素。$A(\theta)$ 用于获取向量 y_t 的均值，与模型中基本的结构参数相关。如果向量 y_t 在预测中使用滞后的值，那么其预测误差协方差矩阵是非奇异矩阵。因此，任何能够对向量 y_t 产生非满秩协方差矩阵的 DSGE 模型在数据上的概率是清晰的。本书中的模型包含 7 个冲击过程，这些冲击能够产生一个满秩的预测误的协方差矩阵。向量 y_t 的维度越大，那么能够在模型中引入更多的冲击向量。Sargent（1989）在对其研究的模型中引入冲击时并没有采用线性理性预期方法，而是通过类似式（5.3）的测度方程向系统中引入冲击项，从而能够避免对额外增加这些不确定信息的结构性的解释。这些额外增加的误差项被理解为测度误差。

Bayesian 分析方法提供了一个对 DSGE 模型估计和推断的有力框架。这个框架不仅具有理论意义同时也具有实践意义。令 $Y = \{y_t\}_{t=1}^T$，DSGE 模型中的参数用向量 θ 表示。关于参数向量 θ 的似然函数 $\ell(\theta|Y)$ 由 θ 的先验密度函数 $p(\theta)$ 形成一个后验密度函数 $p(\theta|Y)$，即

$$p(\theta|Y) \propto \ell(\theta|Y)p(\theta) \tag{5.4}$$

Bayesian 估计过程往往有许多可取的统计特性，其允许一致性推断和在模型与参数不确定性下的决策。潜在的模型缺乏识别和模型错误识别导致的 Bayesian 推断是两种不同类型的推断。

5.2.2 模型的设定误差

模型设定误差的存在将增加计量经济推断和决策的复杂性。本模型中主要需要对特定的结构参数进行估计，这些参数包含中央银行对汇率变化的响应，国内外商品之间的替代弹性，时间序列 y_t 对结构性冲击 ε_t 的移动平均表现。DSGE 模型中的设定误差可能来自对某些非线性部分的省略，由于不确切的偏好或者技术而导致了有误的结构关系式，对外生冲击过程的不正确设定等。

在假定本书模型能够对时间序列 y_t 的运动规律能够近似反映的基础上，那么参数向量 θ 可能会存在多个值。参数向量 θ 主要包含了国内商品和国外商品之间的替代弹性以及对货币政策冲击较准确的脉冲响应。所有正规的和非正规的参数估计过程都隐含着近似模型和参数之间的真实运动规律存在偏差。对这种偏差的不同处理方法导致了不同的参数估计过程。基于极大似然估计的方法是寻找一个合适的 θ 值，使得近似模型产生的预测时间序列与真实时间序列拟合性最好。Kydland 和 Prescott（1982，1996）对参数估计使用的校准方法是通过时间序列 y_t 的长期特性和其他数据集合 X 能够得出存在一个样本证据 θ_0 。向量 X 可能是包含微观家庭和厂商可以观察的参数。在没有模型设定错误和存在大量样本外信息 X 时，极大似然估计方法能够通过校准的方法产生相应的参数值；反之，通过校准方法得到的参数值可以获得最大的似然值。

在 Bayesian 估计框架下，式（5.4）所示的似然函数通过先验密度函数 $\rho(\theta)$ 和从信息向量 X 中获取的先验值进行再加权。信息集合 X 表示不能够从样本向量 Y 中获取的信息。与极大似然估计方法不同的是，在使用额外的信息来修复参数向量 θ 中的元素。显著的微观计量经济学证据表明厂商改变其商品价格或其信息对汇率变化给商品价格变化的不完全传导程度带来的影响能够使用相应的模型参数的先验分布捕捉到。由于先验分布总是受到先验对后验分布修正的影响，这种影响能够通过微观层面信息和时间序列信息之间的松紧性指标来捕获。如果似然函数的峰值与信息集合 X 之间存在差异，定义边际数据密度函数：

$$p(Y) = \int \ell(\theta | Y) p(\theta) \mathrm{d}\theta \tag{5.5}$$

边际密度数据能够使用不同的 Bayesian 模型，这里 Bayesian 模型主要由似然函数和一个先验分布构成。在先验分布改变时对边际数据密度函数的说明能够强调不同信息源之间的紧密程度。本书中对不同版本的 Bayesian 向量自回归模型使用 Minnesota - type 的先验分布计算其边际数据密度，然后与通过两国模型估计出的边际数据密度进行对比。通过构建一个向量自回归模型系数的先验分布能够代替 DSGE 模型。通过 DSGE 模型得出的约束条件能够施加于关于向量 y_t 的向量自回归模型上，能够缩小施加于特定结论边际数据密度约束的偏离。通过对比由 DSGE 模型得出的脉冲响应函数与 DSGE - VAR 得出的脉冲响应函数能够获取模型错误定义的本质。Schorfheide（2000）使用一种称为损失函数（loss - function）的方法对上述过程进行了比较研究。

两种最常用的基于似然值的推断分别为：一种是对 DSGE 模型得出的脉冲响应与可识别的向量自回归模型之间差值的参数进行估计，并计算其最小的差值。另一种是单方程的广义矩估计。通过脉冲响应函数匹配试图应对由于施加未知的外生冲击导致的模型错误设定。这种方法的缺点是需要对识别进行修订，同时要能够精确地估计向量自回归脉冲响应函数。通过去除 DSGE 模型中部分未设定的方程，单方程方法也能够解决模型的错误设定问题。

考查模型中的国内厂商价格设定方程，基于系统的 Bayesian 估计方法对

通货膨胀 $\widetilde{\pi}_{H,t}$ 和边际成本 $\widetilde{mc}_t$ 作为潜在的变量。通过施加生产函数和由可以观察到的 CPI 通胀、产出增长、利率和名义汇率形成的均衡价格的约束来推断生产部门中的通货膨胀和边际成本。单方程对价格设定方程的广义矩估计需要能够观察到的变量 $\widetilde{\pi}_{H,t}$ 和变量 $\widetilde{mc}_t$ 的时间序列。使用可以观察到的边际成本能够对参数 κ_H 提供更多的有效信息，但是单方程方法有掩盖识别问题的倾向，模型可能无法预测这些额外观察值的变化情况。

在估计货币政策规则的似然函数时，似然函数可以通过条件预期项 $E[\varepsilon_{R,t} | \widetilde{\pi}_t, \widetilde{y}_t - \widetilde{y}_{t-1} + \widetilde{z}_t, \Delta\widetilde{e}_t]$ 调整内生回归方程。另外，在使用 GMM 方法时，必须选择一个工具变量集合，如滞后的内生变量，这些变量与当前货币政策冲击 ε_t 是正交的。基于似然值的方法探寻了构建政策冲击条件期望的交错约束方程。最重要的是单方程估计不能提供完全拟合 DSGE 模型的所有时间序列。因此，基于参数估计的脉冲响应函数构造更加具有可信性。由于商业周期导致的外生冲击通常是左侧为指明的，这无法解决不同冲击对内生变量变化的相对重要性。在理性预期存在时，单方程估计方法的使用通常很谨慎。如果系统其余部分能够很好地被约束，结构参数才能够被估计。

5.2.3 结构参数识别

通过缺乏信息的数据来估计参数时往往会带来参数识别问题，更重要的是一个含有不同结构参数值的概率模型对可观察的变量 Y 易导致相同的联合分布。在估计模型中汇率不完全传递参数时，即模型中的参数 θ_F 和参数 θ_H^*，在不存在价格的名义刚性时，汇率变化对贸易商品价格变化的传递是完全的。在估计中，我们希望能够通过贸易商品价格的动态变化情况来捕捉汇率传递的程度。早期文献在研究汇率不完全传递时主要通过贸易商品进口价格变化对汇率变化的回归系数进行分析。Smets 和 Wouters（2003）在估计了开放经济下的 DSGE 模型参数之后，通过使用由 DSGE 模型得出的脉冲响应函数和 VAR 模型得出的脉冲响应函数之间的匹配来获取由进口商品价格的名义刚性导致的汇率不完全传导情况。进口商品价格对汇率冲击的响应在分析汇率不完全传递程度中起重要作用。汇率不完全传递的程度将对以 CPI 衡量的通货膨胀产生影响，如果不能获取进口商品价格的直接信息，那么将很难识别汇率不完全传递程度。

在较大的模型中，理性预期模型能够产生难以发现的识别问题。这是由于在将结构向量参数 θ 映射到由变量 Y 联合概率分布得出状态空间表达式的过程中时，这种映射过程并不是线性过程，通常仅能使用数值估计方法来处理。考虑下述两个模型 M_1 和 M_2，在模型 M_1 中的残差项 u_t 是序列相关的：

$$M_1: y_t = \frac{1}{\alpha}\mathrm{E}_t[y_{t+1}] + u_t, u_t = \rho u_{t-1} + \varepsilon_t \sim iid(0,\sigma^2) \tag{5.6}$$

在模型 M_2 中，冲击过程是序列不相关的，但是当在模型的右边引入后顾（backward - looking）项 ϕy_{t-1} 时（通常新凯恩斯菲利普斯曲线采用这种形式），其形式就变化为

$$M_2: y_t = \frac{1}{\alpha}\mathrm{E}_t[y_{t+1}] + \phi y_{t-1} + u_t, u_t = \varepsilon_t \sim iid(0,\sigma^2) \tag{5.7}$$

在模型 M_1 下，由均衡法则得出的方程为

$$M_1: y_t = \rho y_{t-1} + \frac{1}{1-\rho/\alpha} + \varepsilon_t \tag{5.8}$$

而在后顾型的方程表达式 M_2 中，其均衡法则下满足的方程为

$$M_2: y_t = \frac{1}{2}(\alpha - \sqrt{\alpha^2 - 4\phi\alpha})y_{t-1} + \frac{2\alpha}{\alpha + \sqrt{\alpha^2 - 4\phi\alpha}}\varepsilon_t \tag{5.9}$$

通过式（5.8）和式（5.9）可以发现模型 M_1 和 M_2 在观察的数据上是等价的。后顾型的模型和前瞻型的模型仅仅在外生部分有一个很强的先验性的限制时才能区分。尽管模型 M_1 和 M_2 在预测过程中将产生相同的简化形式，但是参数 α 变化时将对两种不同定义下的 y 产生影响。然而，Bayesian 估计在模型 M_1 和 M_2 中并不会改变其似然函数，且能够带来承担额外信息

的向量 X 以对两种不同的定义式进行区别。

对于模型 M_1，很容易看出参数 α 和 ε_t 的标准差是不能分开识别的。在条件 ρ 下的似然函数对于参数值 α 和 σ 的值是平的，因为参数 $\sigma/(1-\rho/\alpha)$ 是固定的。更一般的情况是，假定一般包含参数向量 θ 的概率模型能够被分成 $\theta = [\theta'_1, \theta'_2]'$，且其似然函数在 θ_2 的方向上是平的，即 θ_2：$L(\theta|Y) = \bar{L}(\theta_1|Y)$。根据 Bayesian 定理可得

$$p(\theta|Y) = p(\theta_1|Y)p(\theta_2|\theta_1) \propto \bar{L}(\theta_1|Y)p(\theta_1,\theta_2) \tag{5.10}$$

首先，一个合适的前值 $p(\theta_1,\theta_2)$ 能够被作为曲率引入目标函数中去，以帮助目标函数取得最大值，并且使用马尔科夫链蒙特卡洛方法在先验分布中进行抽样。其次，存在一个能够更新的边际分布 θ_1，这个参数的分布并不是参数 $\theta_2|\theta_1$ 的条件分布。只要参数 θ 的联合先验分布相加等于 1，那么就可以很好地定义一个参数的后验分布。因此，对参数的先验分布和后验分布进行比较能够为参数估计提供额外多的信息。最后，通过 GMM 方法的分析能否得出一个具有后顾型的行为方程。令 η_t 表示对变量 y_t 理性预期的预测误差，则有

$$y_t - \alpha y_{t-1} + \alpha\phi y_{t-2} = \eta_t - \alpha u_{t-1} \tag{5.11}$$

式（5.11）右边的项中含有 u_{t-1} 表明为获得有效的工具，变量 y_t 必须使用至少滞后 2 期的数据。可以很简单地验证在 M_1 下有：$\hat{\alpha} \xrightarrow{p} \rho$，在 M_2 下有 $\hat{\alpha} \xrightarrow{p} \frac{1}{2}(\alpha - \sqrt{\alpha^2 - 4\phi\partial})$，其中运算符 $\xrightarrow{p}$ 表示在概率上收敛。

理性预期系统的识别和 DSGE 模型仅在模型具有较强的先验约束和外生驱动过程存在时才能成为更一般性的模型。试图避免额外假设而使用的有限的信息的方法经常存在着识别的问题。因此，使用基于系统的估计方法，这种方法阐述了所有的辅助性的假设，构建了似然函数并且使用先验分布将样本信息 Y 和样本外信息 X 进行了整合。

5.3 数据和先验分布

本书在估计过程中将使用中国和美国的相关数据对构建的两国模型进行实证研究。选取中国和美国的数据进行分析基于：两国的经济总量较为接近，并且两国均为单一的国家，并不是像欧元区那样，虽然经济总量较为接近，但是欧元区包括更多的国家，这将增加模型分析的复杂度。在分析过程中，本书分析的数据包含中国和美国的产出增长、通货膨胀水平、名义利率等宏观数据。美国和中国的数据主要来源于 WorldBank DataBase、Wind 数据库等数据发布机构。

5.3.1 数据的描述性分析

一般情况下，在 DSGE 模型中的两个不同的经济体其经济指标的随机波动趋势具有共同的波动趋势。图 5.1 给出了中国实际人均 GDP 对美国实际人均 GDP 之间比值的变化情况。中国自 1979 年开始实施对外开放和逐步建立社会主义市场经济，30 年间中国 GDP 总量持续高速增长，年平均增长率超过 10%。从图 5.1 可以看出，中国人均 GDP 增长正在逐渐放缓，美国实际人均 GDP 与中国实际人均 GDP 的比值变得越来越平滑。这也与近年来全球经济增长放缓，经济复苏乏力的大背景向吻合。同时，美国实际人均 GDP 与中国实际人均 GDP 比值曲线的形状表明美国和中国人均 GDP 在变化趋势上具有较强的一致性，在样本区间并未出现相反的运动趋势。

在开放经济分析中，汇率是重要的价格指标。图 5.2 至图 5.4 分别给出了美元兑人民币汇率的季度贬值情况。这 3 幅图中的汇率是根据中国人民银行公布的美元兑人民币月度平均汇率进行平均得出其季度平均汇率，然后对所得出的季度汇率值取其对数值并计算其差分，从而得出美元兑人民币季度汇率①的贬值变化情况。由于在计算过程中采用汇率的直接标价法，因此当数值大于零时表示人民币贬值，数值小于零时则表示人民币升值。对样本区间进行分区的原因是在样本区间内，我国政府调整了人民币汇率的形成机制。

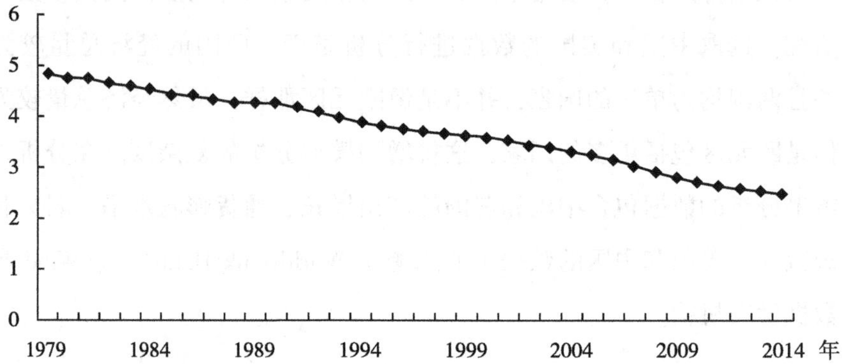

图 5.1 美国实际人均 GDP 与中国实际人均 GDP 比值（取对数）

（数据来源：WorldBank DataBase. data. worldbank. org/）

1980 年之后，我国人民币汇率体制从单一汇率制转为双重汇率制，经历了官方汇率与贸易外汇内部结算价并存（1981—1984 年）和官方汇率与外汇调剂价格并存（1985—1993 年）两个汇率双轨制时期。1994 年 1 月 1 日，中国将双重汇率制度改为单一汇率制度，将 1 美元兑换 5.8 元人民币的官方汇率调整为当时通行的 1 美元兑换 8.7 元人民币的市场汇率，一夜之间使人民币贬值 33%。新的“受控制的浮动汇率制度”使人民币在政府规定的较小范围内浮动。如图 5.2 所示，在 1994 年实施汇率贬值之前，人民币对美元汇率的波动频率较大。1990 年之后，人民币对美元大部分时间处于贬值的情形，直到 1994 年人民币对美元一次性贬值 30% 以上。该时期的人民币贬值对我国大力发展出口贸易起到了较大的促进作用。

① 由于改革开放之后，中国进行了汇率形成机制的改革，因此将美元兑人民币的样本分成三个子区间：1990 年第一季度至 1993 年第四季度、1994 年第一季度至 2005 年第二季度和 2005 年第三季度至 2015 年第四季度。

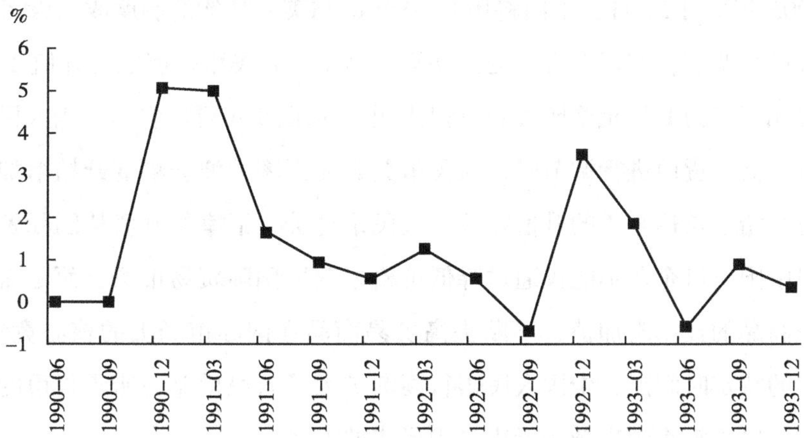

图 5.2　美元兑人民币汇率贬值变化趋势

（数据来源：Wind）

1994 年人民币兑美元贬值之后，人民币汇率的波动开始减小。如图 5.3 所示，人民币兑美元汇率在 1994 年之后几乎保持接近于 0 的波动幅度，表明在 1994 年至 2005 年人民币汇率形成机制改革之前，人民币兑美元的汇率是相当稳定的。人民币在这段时间的固定汇率制度很好地支撑了我国出口贸易的迅猛发展。因为，在国际贸易中，贸易对手总是倾向于尽可能地保持汇率的稳定，这样能够减少由于汇率波动而导致的利润下降。

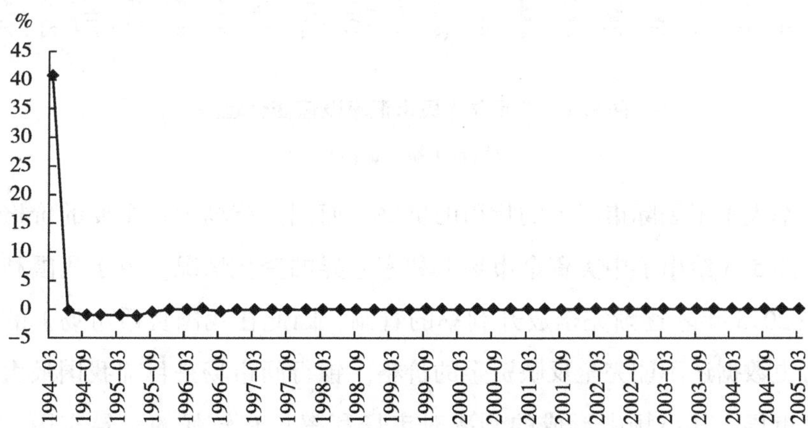

图 5.3　美元兑人民币汇率贬值变化趋势

（数据来源：Wind）

2005年7月21日，中国将历时10年的与美元挂钩的制度改为参考一篮子货币进行调节，实行有管理的浮动汇率制度。人民币一夜之间升值2.1%，兑换美元汇率为1美元兑换8.11元人民币。从图5.4可以看出，当人民币开始参考一篮子货币进行调节时，人民币兑美元汇率的波动幅度开始增加。人民币也开始了长达8年的升值路径。人民币兑美元汇率的升值从国际贸易角度倒逼中国出口企业不能仅通过降低价格来获取国际贸易市场，而是需要提高出口商品的技术附加值，不断提高贸易商品在国际市场上的核心竞争力。在随后的特定时间点，中国人民银行逐渐扩大了人民币兑一篮子货币的浮动区间，人民币汇率越来越接近市场中形成的汇率。

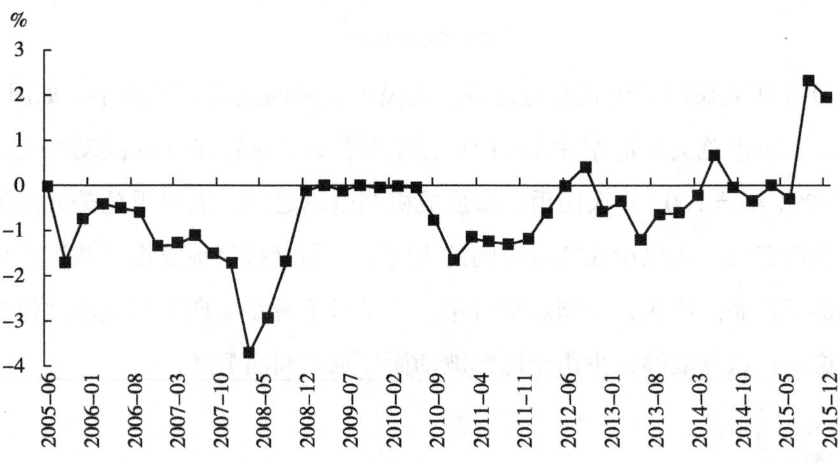

图5.4　美元兑人民币汇率贬值变化趋势

（数据来源：Wind）

汇率表示了国际市场上的货币的价格，而国内市场中最重要的价格则是利率。图5.5给出了中美资金市场上利率差异的变化情况。由于我国利率市场化在2015年才逐渐完全放开利率的管制，因此在我国货币市场上的资金价格历史数据还不能完全反映资金的价格。银行间市场是目前我国最大的债券交易市场，其市场中形成的利率对市场利率具有较强的引导作用。从图5.5中可以看出，在绝大部分的时间区间内，中美两国的利率总是呈现较大的差异，这表明两国经济在周期变化中存在较大的差异。同时，两国的利率差还比较大，这与我国在2005年之前一直保持人民币兑美元汇率稳定有较大的关系。当2005年人民币汇率开始参考一篮子货币进行定价时，中国对美国的利差有出现缩小的趋势。自2008年国际金融危机之后，美联储不断降低联邦基金利率，并长期将联邦基准利率保持在0利率附近，这导致了全球流动性的过度泛滥，美国长期的低利率政策导致短期国际资本变动剧烈。这对全球经济特别是新兴经济体带来了较大的冲击，而汇率的波动能够部分地吸收短期资本流动带来的不利冲击。

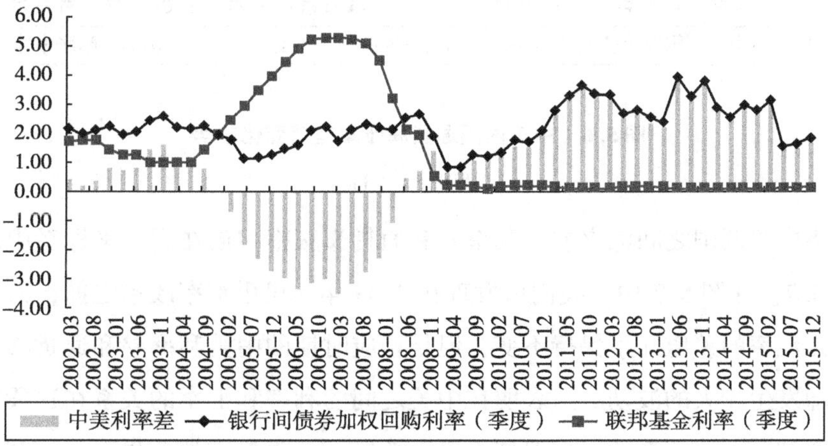

图5.5 中美利率差变化趋势

（数据来源：Wind）

在商品市场上，重要的价格是一般价格水平。通常我们会采用一般价格水平的变动情况即通货膨胀率来反映价格的变化情况。图5.6给出了中美两国在通货膨胀率上的差值变化情况。从图中可以看出在大部分时间区间内，中国的通货膨胀率波动要高于美国通货膨胀率。同时，美国通货膨胀率要低于中国通货膨胀率水平。这与美联储实施以通货膨胀目标制的货币政策有一定的关系。我国在货币政策实施过程中政策目标较多，不仅需要保持货币稳定同时也需要促进经济增长、保持国际收支平衡。过多的政策目标导致政策对经济的冲击较大，经济波动也较频繁。

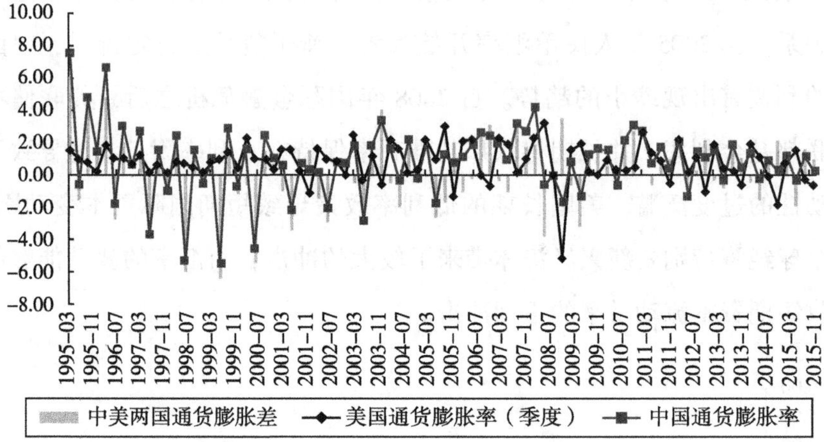

图 5.6　中美两国通货膨胀率差值变化趋势

（数据来源：Wind）

将中美两国之间汇率差、利率差和通货膨胀率差放在同一坐标系中形成了图 5.7。在图 5.7 中，我们可发现在 2005 年人民币汇率改革之前，人民币兑美元汇率的差值几乎保持不变，但是相应时期的中美利率差和通货膨胀率差值却发生较大的波动。这表明在中美之间的利率和汇率的关系在这段时间是偏离利率平价关系的。在保持人民币兑美元汇率稳定的前提下，对利率平价的偏离将导致人民银行需要对外汇市场进行干预，其结果便是我国货币政策独立性的下降，外汇储备出现下降。随着我国开始参考一篮子货币形成人民币汇率，人民币兑美元汇率的波动开始增加。在部分时间区间内，基本满足利率平价理论。

本书在构建 DSGE 模型中，对汇率和利率将施加非抛补的利率平价约束。在理论分析中，主要采用非抛补的利率平价关系，因为经济模型是对现实经济的抽象表述，在经济中认为由于市场中资本是自由流动的，国际市场中的资产具有完全的替代属性，因此对汇率的预期能够完全反映市场参与者对本国经济未来走势的判断。本书施加的非抛补利率平价为

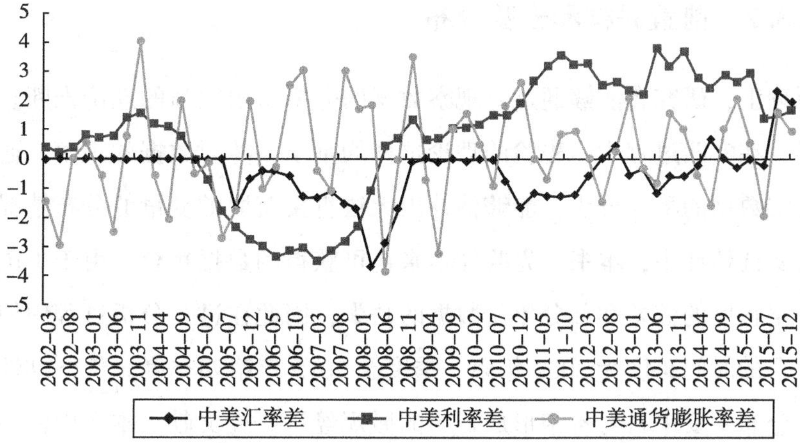

图 5.7 中美两国汇率差、利率差和通货膨胀率差值变化趋势

（数据来源：Wind）

$$E_{t-1}[\Delta\tilde{e}_t] = \tilde{R}_{t-1} - \tilde{R}^*_{t-1} \quad (5.12)$$

根据中美利率差异的数据，中美名义汇率的条件中值表现出较小的时变特征。为了更好地拟合汇率数据，DSGE 模型能够形成从结构性冲击向未预期到的贬值之间的映射，这能够较好地解释汇率变化 $\Delta\tilde{e}_t$ 的大幅变化。

同时，在模型中本书将对模型施加购买力平价约束条件，即

$$\Delta\tilde{e}_t = \Delta\tilde{s}_t + (\tilde{\pi}_t - \tilde{\pi}^*_t) \quad (5.13)$$

根据通货膨胀差异的图 5.6 可以看出美国的通货膨胀率变化相对中国通货膨胀率的变化更加平滑，但汇率的波动相对来讲是比较大的。因此，在对购买力平价施加冲击时应该满足：

$$\Delta\tilde{e}_t = \Delta\tilde{s}_t + (\tilde{\pi}_t - \tilde{\pi}^*_t) + \varepsilon_{E,t} \quad (5.14)$$

在对残差项 $\varepsilon_{E,t}$ 进行分析后，如果其估计出的方差较小，那么通过上述方程能够解释观察到的实际汇率波动的大部分原因。

5.3.2 前置采样和先验分布

原理上，研究者能够通过对观察数据的分析得出较强的理论推断。大多数时候，在实践过程中，先验的理论选择均基于一些对数据的观察。通过对可得现实数据的采样分析，能够估计出无法直接获取的变量的分布情况。在后续的实证估计中，本书的先验样本来自可获得的数据集合。由于中国数据存在一定程度的偏差和部分年份数据的缺失，因此在进行分析过程中使用的数据集合的时间跨度为2002年第一季度至2015年第四季度。价格黏性参数的先验分布主要来自对价格形成行为的微观经济研究文献。本书中使用到的参数的先验分布见表5.1，这些参数均是先验独立的。

表5.1　　　　参数的先验分布

参数	区间	分布	均值	标准差
θ_H	[0, 1)	Beta	0.50	0.15
θ_F	[0, 1)	Beta	0.50	0.15
θ_H^*	[0, 1)	Beta	0.75	0.15
θ_F^*	[0, 1)	Beta	0.75	0.15
τ	IR +	Gamma	2.00	0.50
h	[0, 1)	Beta	0.30	0.10
α	[0, 1)	Beta	0.12	0.05
η	IR +	Gamma	1.00	0.50
ϕ_1	IR +	Gamma	1.50	0.25
ϕ_2	IR +	Gamma	0.50	0.25
ϕ_3	IR +	Gamma	0.10	0.05
ϕ_1^*	IR +	Gamma	1.50	0.25
ϕ_2^*	IR +	Gamma	0.50	0.25
ϕ_3^*	IR +	Gamma	0.10	0.05
ρ_A	[0, 1)	Beta	0.80	0.10
ρ_R	[0, 1)	Beta	0.50	0.20
ρ_G	[0, 1)	Beta	0.80	0.10
ρ_A^*	[0, 1)	Beta	0.60	0.20
ρ_R^*	[0, 1)	Beta	0.50	0.20

续表

参数	区间	分布	均值	标准差
ρ_G^*	[0, 1)	Beta	0.80	0.10
ρ_Z	[0, 1)	Beta	0.66	0.15
$r^{(A)}$	IR +	Gamma	0.50	0.50
γ	IR	Normal	0.40	0.20
$\pi^{(A)}$	IR +	Gamma	7.00	2.00
σ_A	IR +	InvGamma	1.00	4.00
σ_G	IR +	InvGamma	1.00	4.00
σ_R	IR +	InvGamma	0.40	4.00
σ_{A*}	IR +	InvGamma	0.40	4.00
σ_{G*}	IR +	InvGamma	1.00	4.00
σ_{R*}	IR +	InvGamma	0.20	4.00
σ_Z	IR +	InvGamma	0.50	4.00
σ_E	IR +	InvGamma	3.50	4.00

对于模型中通货膨胀率、进口商品份额和事后的实际利率，本书假定这些变量服从 AR（1）过程。对于稳态下的变量实际利率 r，进口商品份额参数 α，稳态下的通货膨胀率 π 和国外通货膨胀率 π^*，估计方法用于指导对稳定状态之前的选择。对于产出数据可以使用相同的随机趋势模型进行估计，即

$$\Delta\tilde{y}_t = \gamma + \Delta\tilde{A}_t + z_t \tag{5.15}$$

$$\Delta\tilde{y}_t^* = \gamma + \Delta\tilde{A}_t^* + z_t \tag{5.16}$$

这里有 $\tilde{A}_t = \rho_A\tilde{A}_{t-1} + u_{A,t}$，$\tilde{A}_t^* = \rho_{A*}\tilde{A}_{t-1}^* + u_{A*,t}$，$\tilde{z}_t = \rho_z\tilde{z}_{t-1} + u_{z,t}$。参数 γ 的估计值被用于 DSGE 模型分析中设定先验的均值。通过对参数 ρ_z 和 $\sigma(u_{z,t})$ 的估计能够确定 DSGE 模型中使用非平稳技术时需要的先验均值。在 DSGE 模型中为获取货币政策冲击的一个标准的离差的先验数据，本书使用下列式子来估计：

$$R_t = \beta_0 + \beta_1 R_{t-1} + \beta_2\pi_{t-1} + \beta_3\Delta Y_{t-1} + u_{R,t} \tag{5.17}$$

对于表示购买力平价冲击中的标准离差参数 σ_E 的先验分布基于在先验抽样中非条件的名义汇率贬值的离差的分布。在实证分析中通过评估汇率方程变化的拟合过程来研究其参数对先验分布的改变。价格黏性参数 θ 的选择基于价格变化的平价频率。Bils 和 Klenow（2004）研究表明美国 26%的行业价格在每 3.3 个月发生变化一次，因此在分析厂商商品价格调整时使用的 Calvo 价格调整策略的参数 $\theta = 0.5$，进口商品价格黏性被设定为相同的水平。金中夏、洪浩（2015）的研究发现，中国 25%的厂商会对商品价格进行调整，同时厂商价格调整的周期均值为 20 个月。对跨期替代弹性 η 的先验均值设定为 1，较大的标准离差能够解释其分布的不确定性。货币政策规则中系数的先验值与典型的 Taylor 规则中系数的值保持高度的收敛。

5.4 实证分析

本节通过对 Calvo 参数的设定来探讨不同程度下的名义刚性对模型中其他变量受到冲击后响应的影响。进口行业中的价格刚性由参数 θ_F 和 θ_H^* 来刻画，这两个参数反映了汇率变化对进出口商品价格传递的不同程度，在分析冲击的跨国传导过程中具有重要作用。通过对中国和美国货币政策规则的估计，来分析货币政策冲击对本国宏观经济变量的影响机理。未预期到的货币政策变化将通过式（4.34）产生反馈作用。同时，对决定开放经济模型中最重要的名义和实际汇率变动的因素进行分析。

5.4.1 参数估计

本书通过马尔科夫链蒙特卡洛方法进行抽样以产生模型中参数的后验分布。通过使用 Sims（2002）的方法能够对模型中线性理性预期方程进行求解。考虑包含 k 个方程的线性理性预期模型，假定 $X_t \in R^k$ 是一个表示潜在经济变量对其均值偏离的向量。这些变量中包含提前决定的状态变量，如资本存量；非提前决定的控制变量，如消费；所有变量在 t 期的预期。假定 z_t 表示0均值 $l \times 1$ 的外生向量冲击；η_t 表示 $p \times 1$ 内生冲击向量。矩阵 Γ_0 和 Γ_1 是 $k \times k$ 阶奇异矩阵。Ψ 和 $\prod$ 分别表示 $k \times l$ 阶和 $k \times p$ 阶已知的矩阵。因此，线性理性预期模型可以被表示为

$$\Gamma_0 X_t = \Gamma_1 X_{t-1} + \Psi z_t + \prod \eta_t \tag{5.18}$$

假定：$E_{t-1}(z_t) = 0$ 和 $E_{t-1}(\eta_t) = 0$，定义 $l \times l$ 矩阵 Ω_{zz}，则有：$E_{t-1}(z_t z_t) = \Omega_{zz}$。

上式表示外生冲击变量的协方差矩阵。这些冲击表示预定的冲击。对于另外一类内生的冲击 η_t，对这类冲击的确定算法需要通过消除模型中出现不平稳根的影响。η_t 主要表示期望差，即 $\eta_{it} = X_{it} - E_{t-1}(X_{it})$。

线性预期模型式（5.18）可以表示为较为容易理解的矩阵形式：

$$\begin{bmatrix} S_{11} & S_{12} \\ 0 & S_{22} \end{bmatrix}\begin{bmatrix} \overline{X}_{1,t} \\ \overline{X}_{2,t} \end{bmatrix} = \begin{bmatrix} T_{11} & T_{12} \\ 0 & T_{22} \end{bmatrix}\begin{bmatrix} \overline{X}_{1,t-1} \\ \overline{X}_{2,t-1} \end{bmatrix} + \begin{bmatrix} \overline{\Psi}_1 \\ \overline{\Psi}_2 \end{bmatrix} z_t + \begin{bmatrix} \overline{\prod}_1 \\ \overline{\prod}_2 \end{bmatrix} \eta_t \tag{5.19}$$

矩阵 S、T、$\overline{\Psi}$ 和 $\overline{\prod}$ 满足定义：

$$\Gamma_0 = QSZ^T, \Gamma_1 = QTZ^T。$$

转移变量 $\overline{X}_t$ 满足 $\overline{X}_t = Z^T X_t$，因此转换参数有：$\overline{\Psi} = Q^T \Psi$，$\overline{\prod} = Q^T \prod$。

如果式（5.19）有一个有界的解，那么就表示线性预期模型是有解的。为保证式（5.19）至少有一个有界的解，必须消除模型中所有不稳定的根，因此有

$$\overline{X}_{2,t} = S_{22}^{-1} T_{22} \overline{X}_{2,t-1} + S_{22}^{-1}(\overline{\Psi}_2 z_t + \overline{\prod}_2 \eta_t) \tag{5.20}$$

矩阵 $S_{22}^{-1} T_{22}$ 的所有特征值大于或者等于1。如果一个有界的解存在，那么有 $\overline{X}_{2,0} = 0$，且 $\overline{\Psi}_2 z_t + \overline{\prod}_2 \eta_t = 0$。由于 $\overline{X}_{2,t}$ 是 $X_{2,t}$ 的线性组合，$\overline{\Psi}_2 z_t +$

$\overline{\prod}_2 \eta_t = 0$ 存在一个解的必要条件是矩阵 $[\overline{\Psi}_2, \overline{\prod}_2]$ 是线性独立的。在 $\overline{\prod}_2$ 是方阵且是非奇异时，η_t 的解可以被表示为：$\eta_t = -\overline{\prod}_2^{-1}\overline{\Psi}_2 z_t$。将该式代入式（5.19），则有

$$\overline{X}_{1,t} = S_{11}^{-1}T_{11}\overline{X}_{1,t-1} + S_{11}^{-1}(\overline{\Psi}_1 - \overline{\prod}_1\overline{\prod}_2^{-1}\Psi_2)z_t \tag{5.21}$$

在计算出状态转移方程 $s_t = \Phi_1(\theta)s_{t-1} + \Phi_\varepsilon(\theta)\varepsilon_t$ 之后，使用测度式（5.3）将状态转移方程转化为能够使用观察值的模型，即

$$A(\theta) = [\gamma, \pi^{(A)}, r^{(A)} + \pi^{(A)} + 4\gamma, \gamma, \pi^{(A)}, r^{(A)} + \pi^{(A)} + 4\gamma, 0]' \tag{5.22}$$

这里的 y_t 包含中国产出增长、通货膨胀率、名义利率和美国产出增长、通货膨胀率、名义利率和人民币对美元贬值率。经过实际利率稳态调整的贴现因子为 $\beta = 1/(1 + r^{(A)}/400)$。通过 Kalman 滤波方法对似然函数 $L(\theta|Y)$ 进行评估，由于 $\ln p(Y|Y_0) = \ln p(Y, Y_0) - \ln p(Y_0)$，通过这种调整方法能够得出 DSGE 模型的条件似然函数。对似然函数 $p(\theta|Y) \propto L(\theta|Y)p(\theta)$ 通过数值优化求其最大值，以找到相关参数的后验分布。表 5.2 给出了模型中参数的后验分布及其均值。

表 5.2　　参数的后验分布

参数	先验分布		后验分布	
	均值	90% 区间	均值	90% 区间
θ_H	0.50	[0.25, 0.75]	0.66	[0.53, 0.80]
θ_F	0.50	[0.25, 0.75]	0.56	[0.28, 0.86]
θ_H^*	0.75	[0.53, 0.98]	0.86	[0.73, 1.00]
θ_F^*	0.75	[0.53, 0.98]	0.76	[0.67, 0.85]
τ	2.00	[1.19, 2.79]	3.76	[2.81, 4.69]
h	0.30	[0.14, 0.46]	0.41	[0.15, 0.67]
α	0.12	[0.04, 0.20]	0.13	[0.04, 0.23]
η	1.00	[0.23, 1.73]	0.43	[0.07, 0.80]
ϕ_1	1.50	[1.09, 1.89]	1.41	[1.03, 1.75]

续表

参数	先验分布		后验分布	
	均值	90%区间	均值	90%区间
ϕ_2	0.50	[0.12, 0.87]	0.66	[0.38, 0.96]
ϕ_3	0.10	[0.02, 0.17]	0.03	[0.01, 0.05]
ϕ_1^*	1.50	[1.09, 1.89]	1.37	[1.08, 1.65]
ϕ_2^*	0.50	[0.13, 0.88]	1.27	[0.80, 1.73]
ϕ_3^*	0.10	[0.02, 0.17]	0.03	[0.01, 0.05]
ρ_A	0.80	[0.65, 0.96]	0.83	[0.75, 0.92]
ρ_R	0.50	[0.18, 0.84]	0.76	[0.70, 0.81]
ρ_G	0.80	[0.65, 0.96]	0.90	[0.83, 0.97]
ρ_A^*	0.60	[0.29, 0.93]	0.85	[0.77, 0.94]
ρ_R^*	0.50	[0.18, 0.83]	0.84	[0.80, 0.88]
ρ_G^*	0.80	[0.65, 0.96]	0.94	[0.91, 0.97]
ρ_Z	0.66	[0.42, 0.91]	0.60	[0.40, 0.82]
$r^{(A)}$	0.50	[0.00, 1.15]	0.86	[0.29, 1.40]
γ	0.40	[0.07, 0.73]	0.39	[0.23, 0.55]
$\pi^{(A)}$	7.00	[3.72, 10.11]	3.16	[2.50, 3.83]
σ_A	1.26	[0.53, 1.99]	1.66	[0.89, 2.44]
σ_G	1.26	[0.53, 1.98]	0.50	[0.41, 0.58]
σ_R	0.50	[0.21, 0.79]	0.18	[0.15, 0.21]
σ_{A*}	0.50	[0.21, 0.79]	2.61	[1.18, 4.16]
σ_{G*}	1.25	[0.52, 1.97]	0.62	[0.50, 0.73]
σ_{R*}	0.25	[0.11, 0.40]	0.18	[0.14, 0.21]
σ_Z	0.63	[0.27, 0.99]	0.35	[0.23, 0.47]
σ_E	4.39	[1.82, 6.90]	4.48	[3.88, 5.07]

在开放经济模型估计下，国外生产部门名义刚性的后验分布比封闭经济下的值要更高，从0.64上升到了0.76。风险厌恶系数τ的后验均值从2.8上升到3.0。货币政策规则的联合系数$\hat{\phi}_1^*$从1.80下降到1.36，而$\hat{\phi}_2^*$从0.49上升至1.27。两国模型中对不同国家施加了相同的稳态值，这暗含着在稳态附近的波动将会出现差异。两国模型的似然函数对回归具有一个内生

的修正过程。

总体上，参数的先验分布在基于系统的 DSGE 模型估计中具有重要的作用。进口商品的份额参数 α 合名义刚性参数 θ_F 和 θ_H^* ，先验分布能够被用于整合额外的信息，这些信息是不能从估计样本 Y 中获取的信息。

5.4.2 汇率动态的决定因素

通过对模型中汇率扰动项的分解，能够分析汇率动态变化的主要影响因素。整体模型主要结构性冲击来驱动，这些结构性冲击因素包含货币政策冲击、技术冲击、政府购买冲击等。在名义汇率的决定方程中，本书加入了一个额外的扰动项。这个扰动项并非严格结构性的，因为这个扰动项并不包含模型的基本因素。汇率扰动项能够捕获由于汇率不完全传递导致对购买力平价偏离的冲击。表 5.3 给出了对汇率残差项的误差分解结果。

表 5.3　　汇率扰动项的方差分解情况

冲击情形	基准模型，$\phi_3 = \phi_3^* = 0$			
	先验情形		后验情形	
	均值	90% 的区间	均值	90% 的区间
货币政策（国内）	0.08	[0.00, 0.19]	0.02	[0.01, 0.02]
货币政策（国外）	0.03	[0.00, 0.06]	0.03	[0.02, 0.05]
技术冲击（国内）	0.02	[0.00, 0.04]	0.01	[0.00, 0.01]
技术冲击（国外）	0.00	[0.00, 0.00]	0.00	[0.00, 0.00]
政府购买（国内）	0.02	[0.00, 0.04]	0.00	[0.00, 0.00]
政府购买（国外）	0.02	[0.00, 0.04]	0.01	[0.00, 0.01]
购买力平价冲击	0.82	[0.61, 0.99]	0.93	[0.91, 0.96]

从方差分解的结果中可以看出，购买力平价冲击能够解释 93% 的汇率变化情况。其次对汇率波动具有较强解释力的因素是国内货币政策冲击和国外货币政策冲击。而技术冲击和政府支出冲击对汇率波动的解释力度很弱。这些因素都表明实际冲击因素对汇率波动的影响是较小的，并不是驱动汇率动态变化的首要因素。采用不同方法对汇率动态研究的文献给出了较为相似的结论。Bergin（2004）

研究表明货币政策冲击导致汇率动态变化的贡献在50%～70%。其模型中购买力平价冲击与其他结构性冲击是相关的，因此，这将导致冲击的重叠效果。Ahmed、Ickes、Wang和Yoo（1993）使用附加长期约束条件的VAR模型研究发现，货币政策冲击并不是汇率动态波动的主要因素。

总体来讲，汇率波动的主要驱动因素包含两个方面：购买力平价冲击和货币政策冲击。由于汇率能够在两个不同的市场中决定，因此哪一个市场起到主要作用应该是驱动汇率动态变化的主要影响因素。在贸易商品市场中，汇率的决定主要由购买力平价理论得出，那么当可贸易商品价格存在黏性的时候，购买力平价理论就难以总是成立。这便出现了对初始均衡状态时购买力平价理论成立的一种偏离。这种偏离的程度和持续时间主要取决于贸易厂商对可贸易商品价格调整的概率和频率。在国际资本市场中，短期资本流动成为外汇市场中的主要影响因素。由于资产价格调整速度要远远快于贸易商品价格的调整，因此，在外汇市场上可以看到汇率出现较为剧烈的波动。此时，一旦国内或者国外货币政策出现变化，金融资产必定会出现价值重估的情形，其结果便是在外汇市场上汇率剧烈的波动。此时，货币政策冲击将成为汇率波动的主要影响因素。因此，汇率波动的主要驱动因素主要是购买力平价冲击和货币政策冲击，同时，在不同的宏观经济变动下，两者的重要性是交替出现的。

5.4.3 脉冲响应分析

通过对汇率波动因素的分析可以得出，影响汇率波动的最重要的两个因素是货币政策冲击和购买力平价冲击。本节将通过脉冲响应函数分布考查名义冲击和实际冲击对汇率及其他宏观经济变量的影响。图5.8、图5.9中的Y、Y_star、C、C_star、PI、PI_star、R、R_star、S和E_del分别表示国内产出缺口、国外产出缺口、国内消费、国外消费、国内通货膨胀率、国外通货膨胀率、国内利率、国外利率、实际汇率和名义汇率动态。

（1）真实冲击对汇率及其他宏观经济变量的影响。在分析真实冲击的影响中，本书主要考虑四种不同的实际冲击，即本国技术冲击、国外技术冲击、世界技术冲击及政府购买冲击。图 5. 8 给出了模型受到 1 单位的标准差的世界技术冲击时的脉冲响应情况。

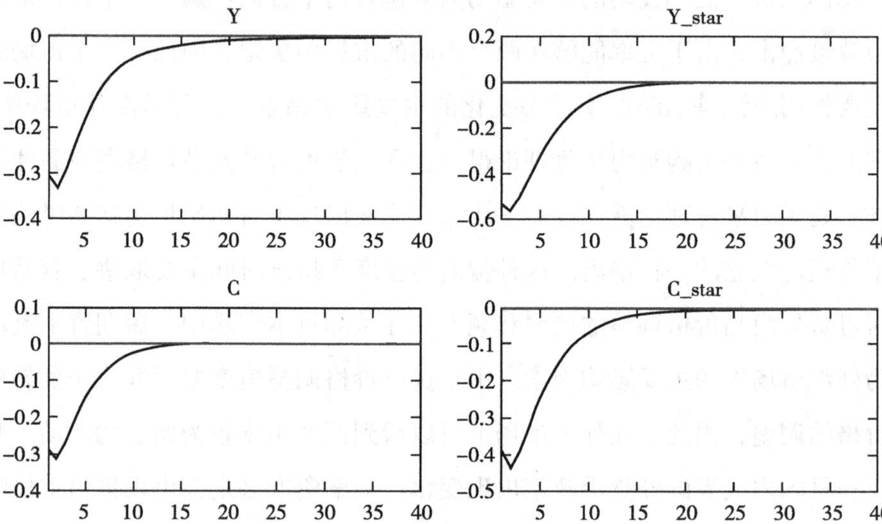

图 5. 8　国内外产出、消费的脉冲响应情况

① 当系统受到世界正向技术冲击时，本国和外国的产出均出现了负向的响应过程，这个过程将持续 20 个观察期。这表明，当世界上出现新的技术时，由于新技术的效率较高，最先使用新技术的国家生产效率将提高，这将降低其生产商品的成本。使用新技术进行生产的国家在国际商品市场将占有更大的市场份额，这样将导致本国和模型中的外国产出出现下降。但是，随着全球化进程的推进，新技术将通过各种不同的途径传入本国，新技术的溢出效应将使产出重新回到均衡的位置。同样，在受到世界新技术冲击后，本国和外国的消费出现了负向的响应，由于商品的可贸易性，世界新技术的出现将导致其产品在世界市场上的价格下降，国内和国外将增加这种商品的消费，而短暂地减少以前商品的消费。

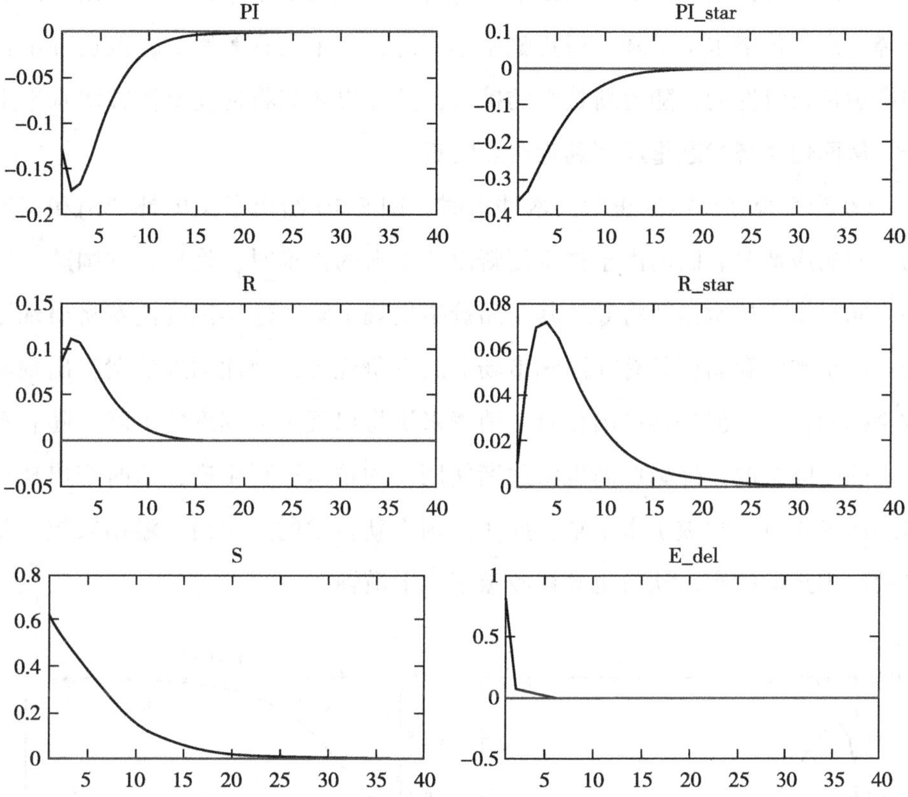

图 5.9　国内外通胀、利率、汇率的脉冲响应情况

系统在受到世界性的正向技术冲击时，国内外的通货膨胀率将出现下降，利率水平均出现上升，实际有效汇率暂时性的升值，名义汇率的贬值程度波动非常小，这表明两国受到共同的外部技术冲击后，两国的汇率均受到影响。由于世界性的正向技术冲击降低了可贸易商品的生产成本，其价格将出现下降，这种价格下降的状态将通过国际贸易传递至两国模型中的国内市场和国外市场，其结果便是国内价格水平的下降，即表现为图 5.9 所示的国内和国外的价格水平均出现下降，相应的通货膨胀率出现下降。这种被动型的价格水平下降将导致国内厂商利润下降，减少投资以减少损失，进而对信贷的需求下降，资金价格开始上升，表现为国内和国外利率水平的上升。

总体来看，世界性的正向技术冲击将导致两国模型中的国家产出均出现下降，商品价格水平下降，通货膨胀率下降，利率上升等影响，但这种不良的影响是暂时性的，随着新技术的扩散，其溢出效应将促使整体技术水平上升，从而使经济状态重新回到均衡点附近。

② 当系统受到本国正向技术冲击时，图 5.10 给出了国内外产出和消费的脉冲响应情况。国内由于技术创新而产生新的技术时，将导致本国产出增加，同时由于技术创新将导致其商品价格出现下降，这样国内消费将出现增加。由于本国商品更具有在国际市场上的竞争优势，因此国外消费将出现非常小幅的上升，但是其产出相对于消费来讲将出现更大程度的下降。随着新技术的不断扩散，外国厂商也将逐渐使用新的技术进行生产，这时产出缺口将逐渐缩小直至收敛于水平轴，此时，国内新技术的产生由于溢出效应，将导致国内正向的产出缺口也同样收敛于水平横轴。

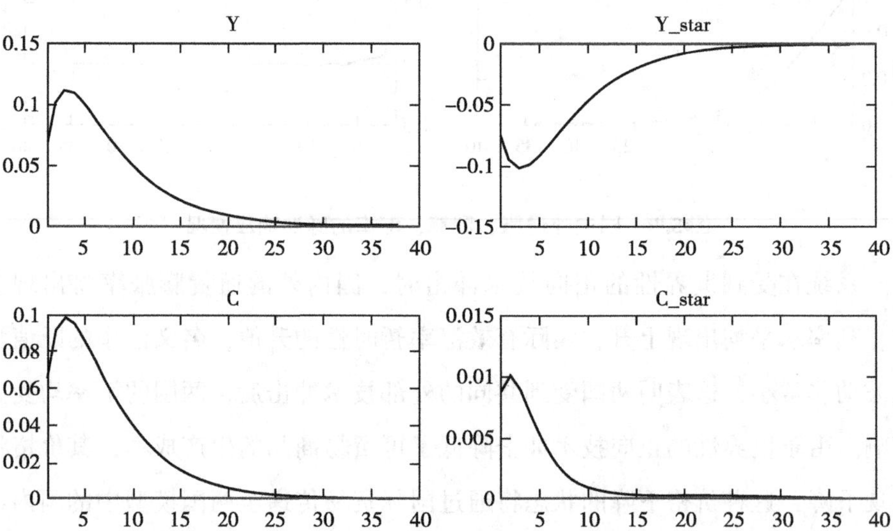

图 5.10 国内外产出、消费的脉冲响应情况

在国内出现新技术冲击时，对国内外各个市场上的价格影响情况如图 5.11 所示。国内商品价格由于技术的更新而出现下降，进而使国内通货膨胀率在短期内出现下降，而国外市场同样由于国际贸易的影响，被动地输入通货膨胀，由于新技术的溢出效应需要一定的时间，因此，国外的通货膨胀率下降持续的时间要远远超过国内的通货膨胀率下降时间。国内新技术的出现将大大降低厂商的生产成本，因此国内厂商的收益将增加。这将导致国内厂商存在扩充产能的冲动，投资需求将增加。此时，由于价格下降，市场中的货币更加充足，国内市场上的利率开始下降，由于存在一个完全流动的国际资本市场，因此国内利率下降将导致国外利率出现下降。本国新技术的出现代表本国在世界商品市场上的竞争力上升，实际汇率将出现上升，国内货币相对于国外货币走强，因此，货币的贬值程度将出现负向的波动，这种波动将伴随新技术的溢出效应完全消失而消失。

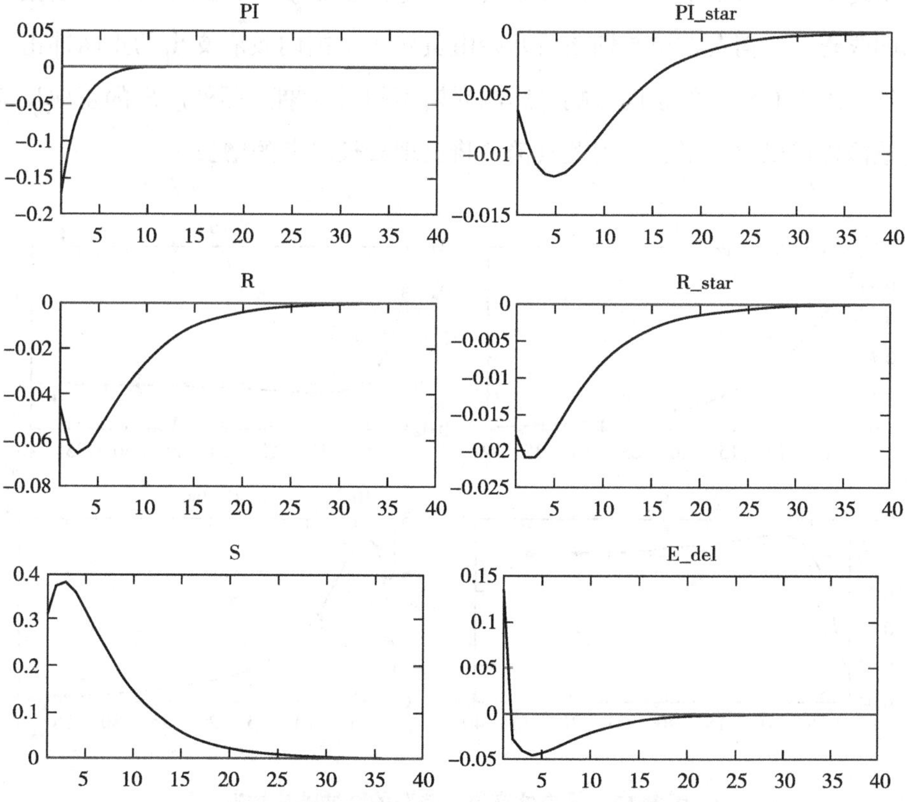

图 5.11　国内外通胀、利率、汇率的脉冲响应情况

总体而言，国内市场出现正向的技术冲击时，将增加国内的产出，但会对国外产出产生负向冲击，同时国内商品价格水平将下降、利率也出现下降，汇率走强，而国外市场也会出现商品价格下降，利率短期内较小浮动下降。当系统受到国外正向技术冲击时，所得出的结论与国内技术冲击的影响刚好相反。

③ 当系统受到本国政府购买的正向冲击时，图 5.12 给出了国内外各变量的脉冲响应情况。理论上来讲，政府购买冲击并不像技术冲击那样能够直接对生产函数产生影响。政府购买的突发性变动，更多地反映为经济中需求端的变化，本书为简化分析故而将政府购买冲击归入真实冲击一类。国内政府支出的正向冲击对国内产出影响较大，并且持续的周期也较长。国内政府支出的增加对市场中家庭消费支出具有一定的挤出效应，但随着本国居民收入的改善，其消费在第 5 期之后开始由负转正。国内政府支出的正向冲击对国外产出具有较小的正向影响且影响周期不超过 5 期。国外产出的正向反馈导致国外居民收入增加，因此其消费将出现较长时期的增长。

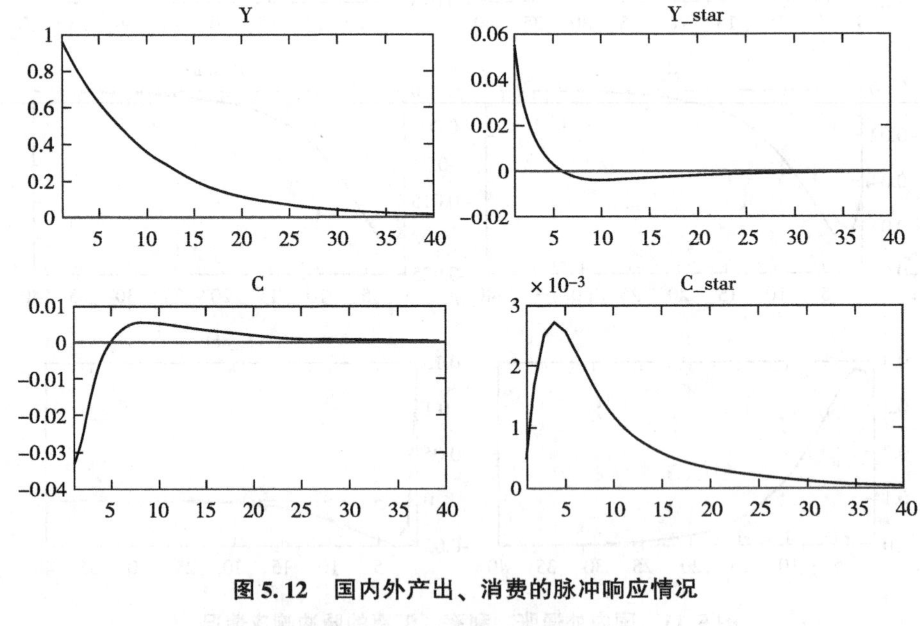

图 5.12　国内外产出、消费的脉冲响应情况

图 5.13 给出了系统在受到国内政府购买正向冲击后，价格体系发生的脉冲响应情况。国内政府购买的增加，导致商品市场价格出现上升的趋势，通货膨胀率上升，并持续较长期限。虽然国内政府购买增加对国外商品的需求增加，但对国外商品市场价格冲击远远小于对国内商品市场价格的冲击，且其持续的时间也较短。国内商品市场价格的上升，将导致国内利率出现上升，实际汇率由于需求冲击出现贬值的趋势，同时名义汇率贬值程度将出现先负在短期内又变正的响应过程。

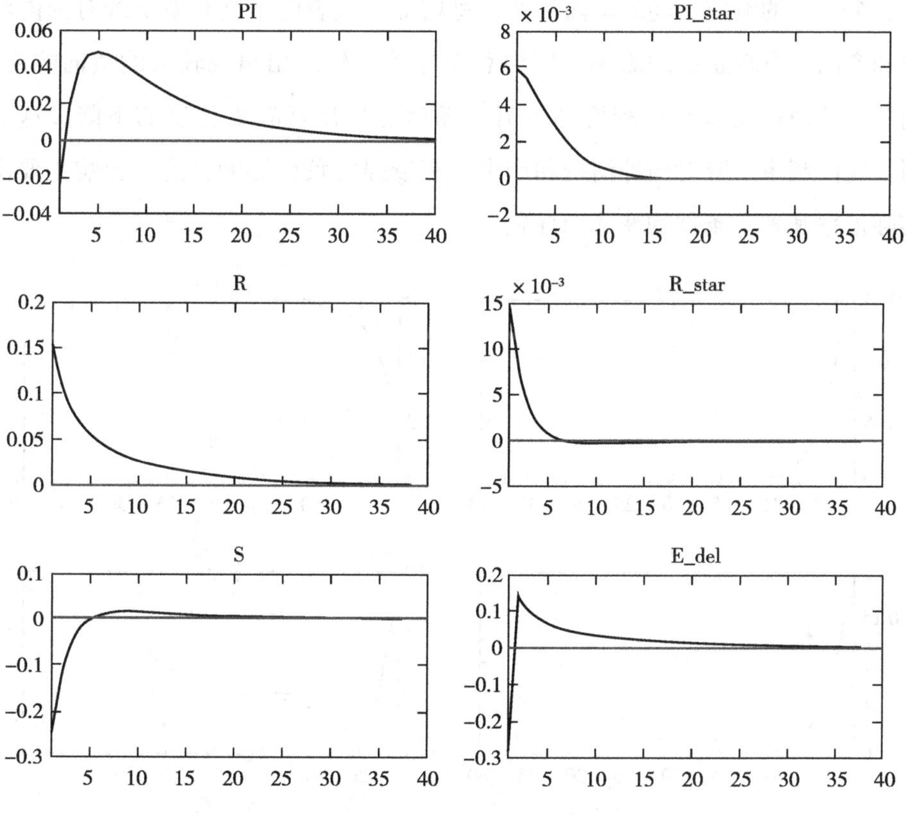

图 5.13　国内外通胀、利率、汇率的脉冲响应情况

总体来看，国内政府购买的正向冲击虽然对国内产出有较大的正向影响，但是将导致实际汇率的贬值，同时，对国外产出和利率水平均有较小的正向影响。但这种需求端的短期提升并未提高全要素生产率。反之，当国外政府出现政府购买的正向冲击时，其效果与上述分析类似。

(2) 名义冲击对汇率及其他宏观经济变量的影响。在分析名义冲击的影响时，本书主要三种不同的名义冲击，即对国内利率冲击、国外利率冲击和名义汇率动态冲击。

① 当系统受到国内负向的利率冲击时，图 5.14 和图 5.15 分别给出了产量、消费的国内外脉冲响应和国内外价格系统的脉冲响应。在图 5.14 中，当国内利率出现一个负向冲击时，国内利率的下降导致国内产出在短期内出现一个正向的响应，同时国内消费也将增加。这表明本国利率下降对国内消费和产出具有较正面的影响。国内利率导致国外产出出现较大的负向响应，同时国外消费出现较小程度的上升，随后迅速出现较大程度的下降。这表明，国内利率下降对国外消费和产出具有较强的负面影响，这种影响主要由实际汇率和贸易条件的变化而导致。

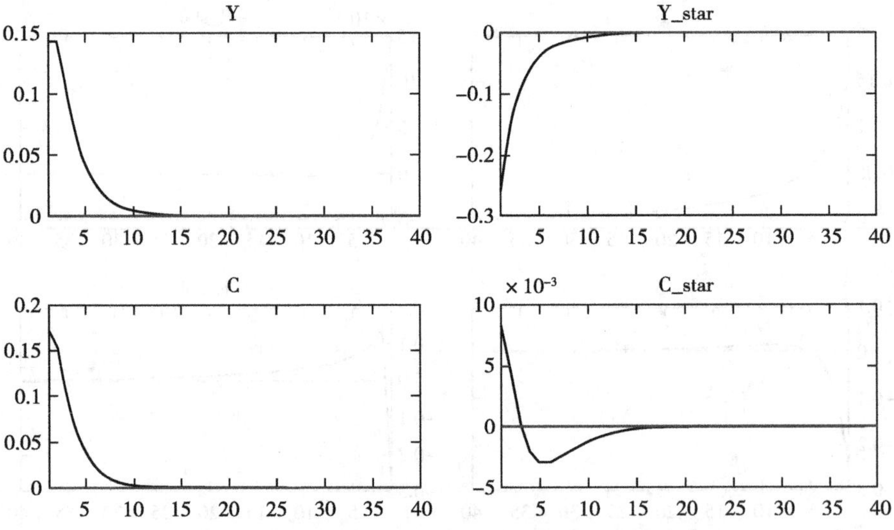

图 5.14　国内外产出、消费的脉冲响应情况

图 5.15 给出了国内利率下降时对系统不同市场价格的影响。国内利率的突然下降，将导致国内通货膨胀在短期内出现上升，而国外通货则出现下降的情形，这主要因为国内利率水平下降，名义汇率将出现贬值，国内可贸

易商品相对于国外可贸易商品价格出现下降，因此增加了对国内可贸易商品的购买，国外可贸易商品的需求下降，导致其价格下降，最终通过贸易渠道的支出转换效应传导至国外一般商品价格，从而使国外整体价格水平下降，通货膨胀率出现一个负向的响应过程。虽然国内利率下降导致国外利率下降，但是国外利率下降的幅度要远远小于国内利率下降的幅度。这种较小幅度的下降源于名义汇率贬值抵消了部分利率平价的收敛作用。在模型中，国内实际汇率的决定因素主要来源于国内商品价格水平，因此，国内商品价格水平的上升导致实际汇率出现一个正向的响应过程。

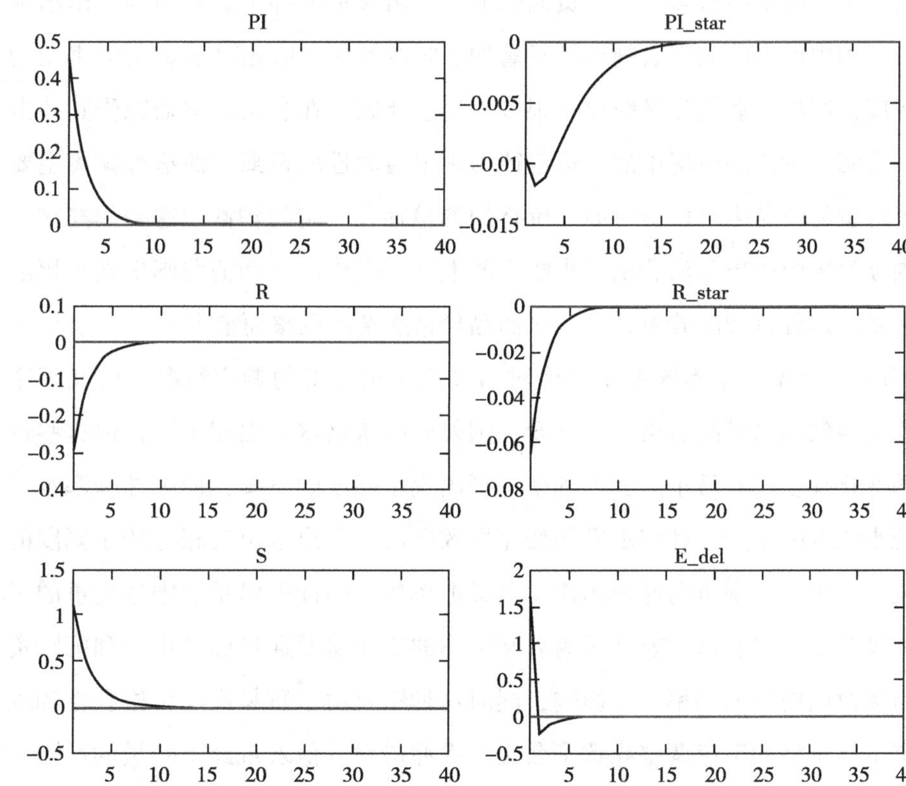

图 5.15　国内外通胀、利率、汇率的脉冲响应情况

总体来看，国内利率的一个负向冲击，将导致国内产出和消费的改善，国外产出和消费的恶化。由于利率平价的存在，国外利率虽然也出现下降，但下降的幅度非常小，无法弥补本国利率下降导致的国外产出下降。名义汇率出现较大的贬值，实际汇率由于本国商品价格水平的上升而出现上升。国外利率出现负向冲击的情形与上述分析过程类似，但效果是存在差异的，这主要是由于在模型中国外商品市场价格的调整概率更高，而国外商品市场价格的调整概率较低，这种不对称性导致汇率变化对贸易商品价格变化的传导呈现出差异，价格调整概率更高的市场其产出和消费的变化更加显著。

② 当系统受到名义汇率动态冲击时，系统内各变量对冲击的响应如图5.16和图5.17所示。与其他冲击相比，名义汇率冲击对整个模型中其他变量的影响程度要小得多。一个负向标准差的名义汇率冲击表明国内货币出现贬值，国内产出的响应表现出较显著的J曲线效应，但相对于名义汇率变动的幅度，产出变动的数量级要小很多。这主要因为在名义汇率动态受到冲击时，表明国际商品市场中的一价定律出现了暂时性的偏离，而这种偏离主要由于可贸易商品生产厂商对商品价格的调整存在一定的黏性。这种偏离在短期内导致国内产出和消费出现小幅度的上升，国外产出和消费则出现小幅度的下降。这种过程随着贸易厂商对商品价格逐渐的调整而消失。

图5.17给出了不同市场价格对名义汇率负冲击的响应情况。名义汇率的贬值导致国内商品价格出现上升，国外商品价格水平出现下降，但这些价格的变化幅度都非常小。国内利率水平出现小幅度的下降，而国外利率水平出现小幅度的上升，利率水平的变化导致国内外产出也出现相应的小幅度的变化。与国内利率负向冲击相比，名义汇率的负向冲击对系统中各变量的影响程度要小得多。这主要是因为名义汇率的变化需要通过商品市场和国际资本市场对国内外的利率产生影响，同时这种影响由于贸易商品价格黏性和国际资本品价格的迅速调整导致了名义汇率冲击对其他宏观经济变量的冲击效果和持续时间要远远弱于利率冲击的效果。由于名义汇率的贬值冲击导致国内产出的增长和国内商品价格的上升，进而使实际汇率出现上升，但是这种上升的幅度非常小，并且持续的期限也较短。

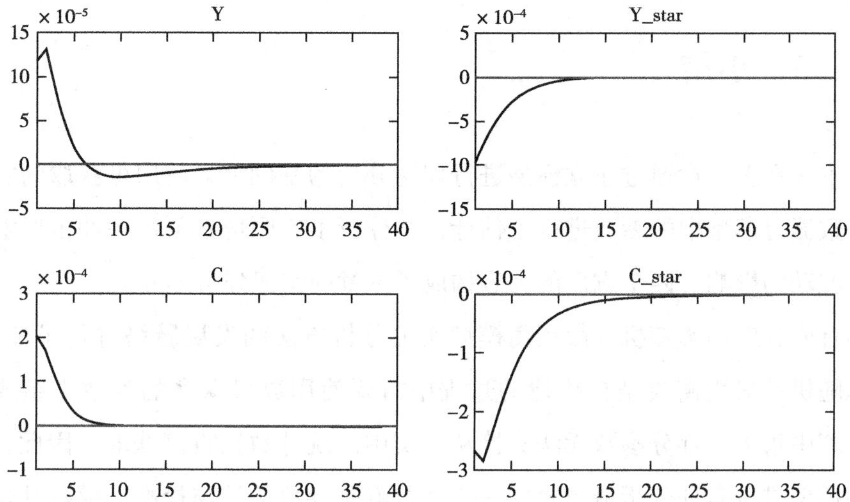

图 5. 16　国内外产出、消费的脉冲响应情况

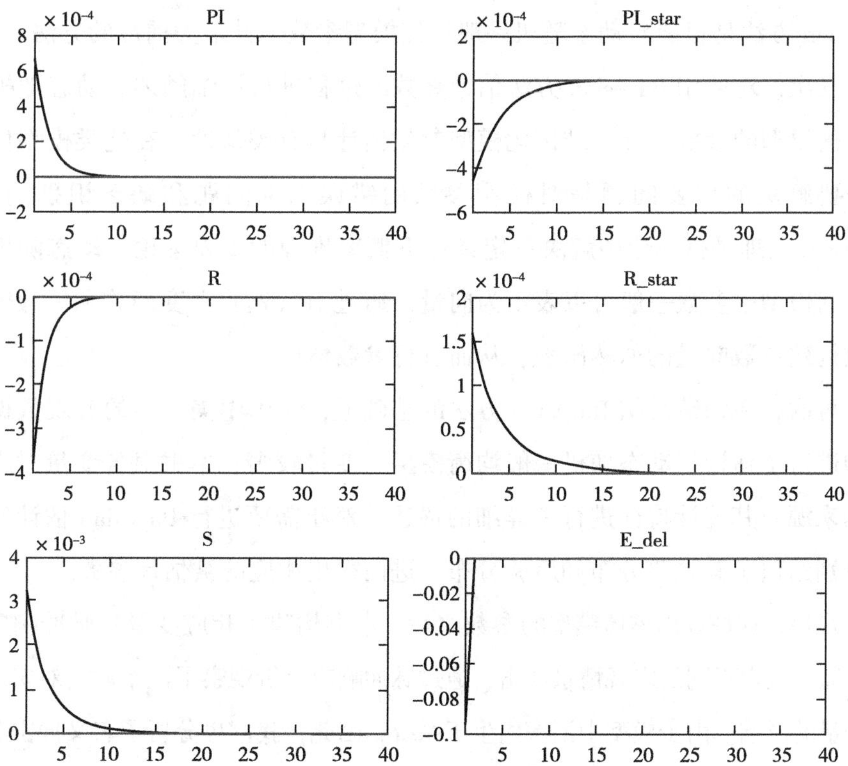

图 5. 17　国内外通胀、利率、汇率的脉冲响应情况

5.5 小结

本章在上一章通过建立模型进行理论分析的基础上，使用可获取的宏观经济数据对模型中的参数进行了估计，并分析了不同情景下汇率冲击对宏观经济波动的影响。四个方面的内容构成了本章的实证分析部分。

首先，对动态随机一般均衡模型实证分析方法的发展脉络进行了梳理。动态随机一般均衡模型在构建的过程中需要使用数目众多的参数来组成模型，其中很大一部分参数无法直接从现实中的统计数据直接获取。因此，对此类模型进行实证分析最重要的一个环节就是参数估计与校准。随着计量经济学和计算机应用技术的发展，对经济模型参数的估计方法越来越成熟。Bayesian 方法是目前对动态随机一般均衡模型参数估计最为前沿的方法。

其次，对使用 Bayesian 方法估计参数的过程进行详细阐述。动态随机一般均衡模型的参数估计与结构化模型参数估计具有类似性。在这类模型估计中需要解决的重要问题是对模型参数的错误识别问题和缺乏识别问题。Bayesian 定理是概率论中解决一定条件下概率推理的重要理论。动态随机一般均衡模型中参数一般可以表示为向量，通过引入先验密度函数和后验密度函数构建参数向量的似然函数，从而进行参数估计。

再次，在归纳总结 Bayesian 方法的基础上，使用中美两国的宏观数据对模型进行了估计。动态随机一般均衡模型中变量较多，本书对各变量对应的数据来源及其统计特征进行了详细的描述。对于需要进行 Bayesian 估计的参数分别给出了其先验分布和后验分布，进而得出相应的被估计参数。

最后，在估计出整体模型的参数之后，本书构建了相应变量的脉冲响应函数，通过设定不同的宏观情景冲击，通过脉冲响应分析观察了汇率冲击对宏观经济变量的影响。由于模型中汇率内生于系统，因此，我们也分析了名义冲击和实际冲击对汇率的影响，进而推导出对宏观经济变量的影响，并得出相关结论。

结论与建议 6

6.1 研究结论

2008 年国际金融危机之后，全球经济复苏乏力，中国同样面临着经济增速放缓的压力。近年来，中美经贸摩擦加剧，逆全球化、贸易保护主义和单边主义再抬头。党的十九届五中全会指出，我国发展环境面临着深刻复杂变化，国际环境日趋复杂，不稳定性不确定性明显增加。特别是，百年难遇的新冠肺炎疫情严重冲击全球经济，国际经济和金融市场动荡加剧。2015 年 8 月 11 日中国人民银行对人民币汇率中间价形成机制进行了调整，人民币汇率在外汇市场的波动进一步增加。2020 年，中国成为唯一实现正增长的主要经济体，人民币汇率面临上行压力。随着全球疫情好转，海外经济已经出现复苏苗头，但仍然面临诸多不确性，人民币汇率面临再次较大幅度波动风险。因此，厘清人民币汇率冲击对我国主要宏观经济变量的影响机理就显得尤为重要。本书在综述国内外学者研究的基础上，通过构建动态随机一般均衡模型分析了人民币汇率冲击对我国宏观经济变量的影响机理，并得出以下主要结论：

（1）当系统受到真实性的冲击时，世界性的正向技术冲击和国内正向技术冲击对真实汇率的影响存在差异。世界性的正向技术冲击将导致两国模型中的国家产出均出现下降，商品价格水平下降，通货膨胀率下降，利率上升等影响，但这种不良的影响是暂时性的，随着新技术的扩散，其溢出效应将促使整体技术水平上升，从而使经济状态重新回到均衡点附近。国内市场出现正向的技术冲击时，将增加国内的产出，但会对国外产出产生负向冲击，同时国内商品价格水平将下降、利率也出现下降，汇率走强，而国外市场也会出现商品价格下降，利率短期内较小幅度下降。当系统受到国外正向技术冲击时，所得出的结论与国内技术冲击的影响刚好相反。国内政府购买的正向冲击虽然对国内产出有较大的正向影响，但是将导致实际汇率的贬值，同时，对国外产出和利率水平均有较小的正向影响。但这种需求端的短期提升并未提高经济中的生产效率。

（2）当系统受到名义性冲击时，利率冲击对实际汇率的影响要远大于名义汇率冲击对实际汇率的影响。国内利率的一个负向冲击，将导致国内产出和消费的改善，国外产出和消费的恶化。由于利率平价的存在，国外利率虽然也出现下降，但下降的幅度非常小，无法弥补本国利率下降导致的国外产出下降。名义汇率出现较大的贬值，实际汇率由于本国商品价格水平的上升而出现上升。国外利率出现负向冲击的情形与上述分析过程类似，但效果是存在差异的，这主要是由于在模型中国外商品市场价格的调整概率更高，而国内商品市场价格的调整概率较低，这种不对称性导致汇率变化对贸易商品价格变化的传导呈现出差异，价格调整概率更高的市场其产出和消费的变化更加显著。

6.2 政策建议

随着人民币汇率制度改革的推进和国际化程度的深入，人民币汇率将更多体现外汇市场供求关系，这也意味着人民币汇率的双向波动将逐渐增加。为减少汇率大幅波动给宏观经济带来的影响，中央银行应继续完善人民币汇率市场定价机制，提供更多可用于对冲汇率风险的产品，发展外汇市场，减少市场干预。贸易企业应提高对人民币汇率波动风险的敏感性，积极应对人民币汇率波动带来的风险。

6.2.1 进一步完善人民币汇率定价机制

当前，人民币汇率双向浮动弹性已明显增强，汇率形成机制的灵活性也不断提高，应寻找时机继续加大市场决定汇率的力度，减少或退出行政干预。进一步提高人民币汇率的市场化程度，人民银行应逐步退出外汇干预，实现汇率作为价格杠杆调节市场供求的作用，提高市场主体的自主定价与风险管理能力。人民银行对汇率的管理应主要体现在维护人民币汇率的市场化形成机制，维持汇率的正常浮动，防止市场汇率面对冲击而表现出明显高频率的跳跃，当汇率急剧波动时，可能对宏观经济基本面和金融市场运行产生不必要的传导影响，资本流动的预期变化对资金流向产生较大的偏离，以及金融市场出现系统性风险，此时应有必要对外汇市场进行合理干预。同时逐步完善人民银行外汇干预的信息披露制度，合理引导市场预期，增强汇率灵活性。根据金融市场发育情况和经济金融形势，在充分考虑个人、企业和金融机构承受能力的情况下，有序扩大人民币汇率的浮动区间。如果金融生态环境具备了，应考虑取消汇率浮动区间。

加强经济结构改革，与完善人民币汇率形成机制相配合。当前我国居民储蓄率仍然较高，结构性问题导致内需增长动力仍然不足，应以加快构建新发展格局为政策导向，加快推出以扩大内需为目标的结构性经济刺激政策，持续推进汇率改革，实现经济结构的调整和优化。我国宏微观经济对汇率变动有一定的承受力，但任何弹性都是有限度的，如果经济结构不能优先改革，促进经济增长的重任将寄希望于汇率这关键因素上，汇率的调整势必会过度，脱离均衡汇率的水平，给宏观经济带来致命打击。因此，必须统筹协调各项政策，加快调整经济结构，主要有改善需求结构，扩大内需，利用价格杠杆促进资源从贸易品部门向非贸易品部门转移，进一步降低经济增长对外需的依赖，促进国际收支平衡，优化产业结构，加快服务业发展，充分发挥服务业在吸收就业方面的优势，促进产业结构科学健康发展，积极推进城镇化，加快东部产业升级、中部产业结构调整和西部基础设施建设，促进区域协调发展，从根本上促使国际收支趋于平衡，提高我国对外开放的水平。

6.2.2 发展外汇市场，继续推动人民币的国际使用

在配合资本项目可兑换的过程中，丰富远期、掉期、期权以及结构性产品等交易工具及其组合，提高市场流动性，完善法规、交易、清算等基础设施建设，扩展外汇市场的深度和广度，更好地满足企业和居民的避险需求，推动人民币与更多货币直接交易，降低汇兑成本，为提高汇率灵活性创造条件，丰富外汇市场参与者类型，引入多样化需求。引导金融机构根据货币市场供求关系情况，并参考国际主要货币的汇率变化，提高自主定价的能力，实现外汇市场自求平衡。加快实现人民币资本项目可兑换的进程，进一步拓宽境内外汇市场的深度和广度，丰富金融市场货币交易品种，渐进有序增加境内外的市场参与机构数量，逐步联通境内外外汇市场。进一步扩大人民币在跨境贸易和投资中的使用，推动使用人民币参与国际实业投资市场投资交易。推动石油、黄金和煤炭等国际主要现货、期货市场将人民币纳入交易产品的计价、结算货币，推动使用人民币参与国际资本市场投资交易。加强与“一带一路”沿线国家的金融和贸易等合作，同时结合人文交流提高人民币接受度，为人民币国际化提供便利。

6.2.3 国际贸易企业应积极应对汇率冲击所带来的影响

近年来，我国经济开放程度不断提高，开放质量和水平稳步提升，稳定的国际贸易往来是我国经济健康发展的重要保障。2008 年美国次贷危机引发的国际金融危机的消极影响还没有完全消除，随着全球经济萎靡的不断蔓

延，全球经济增速放缓，同时我国劳动力和土地等综合成本的上涨不断削弱了我国出口的竞争力，我国出口贸易增速在2010年之后已经开始呈现下降趋势。我国出口贸易的增长高度依赖资源、环境、劳动力等要素的大量投入，容易受到汇率波动、资源价格变化、成本提升的影响。在当前全球经济下滑的大背景下，国际贸易企业应抓住时机，重点发展自主创新，研发核心技术，政府应通过税收减免、出口补贴等方式对技术含量高、附加值高的产业给予政策上的支持，勇于开拓国际市场，通过深化国际分工，不断提升我国在全球产业链中的地位，充分利用金融产品工具规避汇率市场风险。国际贸易企业应学习汇率风险管理的经验和技巧，培养国际贸易、金融、外汇理财方面的专业人才，加大对金融避险工具的合理使用。面对人民币汇率波动的不确定性，国际贸易企业需要灵活使用功能性更强的金融衍生工具，如外汇期权、外汇掉期、货币掉期交易等，以及购买出口信用保险等，来规避汇率冲击风险。

参考文献

[1] 保罗·霍尔伍德，等．国际货币与金融［M］．北京：北京师范大学出版社，1996：101－102.

[2] 毕玉江，朱钟棣．人民币汇率变动的价格传递效应——基于协整与误差修正模型的实证研究［J］．财经研究，2006（7）：53－62.

[3] 曹伟，申宇．人民币汇率传递、行业进口价格与通货膨胀：1996—2011［J］．金融研究，2013（10）．

[4] 曹伟，左杨．人民币汇率水平变化、汇率波动幅度对进口贸易的影响——基于省际面板数据的研究［J］．国际贸易问题，2014（7）．

[5] 陈彪如．人民币汇率研究［M］．上海：华东师范大学出版社，1992.

[6] 陈平，熊欣．进口国汇率波动影响中国出口的实证分析［J］．国际金融研究，2002（6）：7－11.

[7] 陈国伟，夏江．人民币实际汇率变动对总产出影响的实证分析［J］．经济科学，2002（4）：49－55.

[8] 陈麟，朱莉．人民币汇率波动对通货膨胀的影响效应研究——基于2000年至2015年月度数据的实证分析［J］．经济问题探索，2016（10）：168－176.

[9] 陈颖悦，李文星．不完全汇率传递的区域差异性——基于省际面板

数据的实证研究［J］. 厦门理工学院学报，2019，27（6）：45－50.

［10］戴国强，徐龙炳，陆蓉．汇率波动稳态特征的实证研究及其启示［J］. 财经研究，2000（6）：3－8.

［11］戴世宏．人民币汇率与中日贸易收支实证研究［J］. 金融研究，2006（6）：150－158.

［12］邓贵川，彭红枫．货币国际化、定价货币变动与经济波动［J］. 世界经济，2019，42（6）：20－46.

［13］邓贵川，谢丹阳．支付时滞、汇率传递与宏观经济波动［J］. 经济研究，2020，55（2）：68－83.

［14］傅建设．汇率变动对进出口价格的影响［J］. 国际金融研究，1997（9）.

［15］谷宇，高铁梅．人民币汇率波动性对中国进出口影响的分析［J］. 世界经济，2007（10）：49－57.

［16］国家发展改革委政策研究室．世界经济有望出现恢复性增长 复苏不稳定不平衡性凸显［J］. 求是，2021（3）.

［17］韩斌，刘园．人民币的J曲线效应——基于中国主要双边贸易市场的实证研究［J］. 国际商务（对外经济贸易大学学报），2013（3）.

［18］何新华，吴海英，刘仕国．人民币汇率调整对中国宏观经济的影响［J］. 世界经济，2003（11）：13－20.

［19］何茵，徐忠，邹浩．人民币境外期货市场投机与境内即期汇率的稳定性［J］. 世界经济，2011（1）：3－16.

［20］胡宗彪等．人民币汇率水平及其波动对贸易收支的影响研究——服务贸易与商品贸易相同吗？［J］. 广西财经学院学报，2019，32（2）：95－109.

［21］黄晓红，唐鹏蛟．人民币升值下的反J曲线效应研究——基于中美双边贸易的分析［J］. 上海金融，2010（11）.

[22] 季莹，王拾．人民币汇率波动对中国对外贸易影响的动态分析[R]．International Conference on Engineering and Business Management，2010.

[23] 简新华．汇率变动对进出口贸易的影响［J］．武汉大学学报（社会科学版），1993（5）．

[24] 金文艳．汇率变动对进出口贸易影响的理论综述及其评价［J］．现代商贸工业，2012（7）．

[25] 李广众，任佳慧，王立立．实际汇率变动对商品国内价格的影响研究［J］．经济学（季刊），2008（4）．

[26] 李建伟，余明．人民币有效汇率波动及其对中国经济增长的影响[J]．世界经济，2003（11）：21－34.

[27] 李凯，张稳瑜．基于 ARCH 族高频日汇率波动的实证分析［J］．现代管理科学，2005（3）．

[28] 李敏，王湘宁．基于 Markov 区域转移模型的人民币实际有效汇率波动机制［J］．中国科学技术大学学报，2010，40（6）：565－570.

[29] 李未无．实际汇率与经济增长：来自中国的证据［J］．管理世界，2005（2）：17－26.

[30] 李文懿．浅议人民币汇率波动对中国进出口贸易的影响［J］．财经界（学术版），2010（5）．

[31] 李小平，冯芸，吴冲锋．金融危机前后的汇率波动特征［J］．管理科学学报，2012，15（4）：40－49.

[32] 李雅丽．人民币汇率变动对我国出口商品价格影响研究——基于汇率不完全传递理论视角［J］．上海财经大学学报，2009（3）．

[33] 李颖．人民币汇率变动对进口价格传导效应的实证研究［J］．经济评论，2008（5）．

[34] 李夏玲，殷风，王志华．人民币汇率变动与中国贸易收支的非线性动态效应分析［J］．国际贸易问题，2017（12）：140－152.

［35］李圣华，穆舒．人民币汇率波动对中韩贸易影响的实证分析［J］．东北亚经济研究，2021，5（1）：62－76.

［36］历以宁．中国对外经济与国际收支研究［M］．北京：国际文化出版公司，1991.

［37］林毅夫，平新乔，杨大勇．可口可乐罐装系统对中国经济的影响．北京大学中国经济研究中心讨论稿，2000（1）：No. C2000001.

［38］刘亚，李伟平，杨宇俊．人民币汇率变动对我国通货膨胀的影响：汇率传递视角的研究［J］．金融研究，2008（3）．

［39］刘津含，王晋斌．人民币汇率传递效应研究［J］．复旦学报（社会科学版），2018，60（1）：145－154.

［40］卢万青，陈建梁．人民币汇率变动对我国经济增长影响的实证研究［J］．金融研究，2007（2）：26－36.

［41］卢向前，戴国强．人民币实际汇率波动对我国进出口的影响：1994—2003［J］．经济研究，2005（5）：31－39.

［42］卢中原，隆国强，李建伟等．人民币实际有效汇率波动对我国出口的直接影响［J］．中国经贸，2010（7）．

［43］马丹，许少强．中国贸易收支、贸易结构与人民币实际有效汇率［J］．数量经济技术经济研究，2005（6）：23－32.

［44］卜永祥．人民币汇率变动对国内物价水平的影响［J］．金融研究，2001（3）．

［45］任兆璋，宁忠忠．人民币实际汇率与贸易收支实证分析［J］．现代财经，2014（11）．

［46］施建淮，傅雄广，许伟．人民币汇率变动对我国价格水平的传递［J］．经济研究，2008（7）：52－64.

［47］宋耀，田华．国际汇率分形特征的实证研究：修正的 R/S 分析［J］．河北大学学报：哲学社会科学版，2004，29（4）：93－96.

[48] 谭小芬，梁雅慧．人民币汇率改革：历史经验和未来趋势［N］．金融时报，2019-08-05.

[49] 隋建利，刘金，闫超．现行汇率机制下人民币汇率收益率及波动率中有长效记忆性吗？［J］．国际金融研究，2013（11）：56-69.

[50] 王彬．人民币汇率均衡、失衡与贸易顺差调整［J］．经济学（季刊），2015（4）．

[51] 王胜，李睿君．国际价格竞争与人民币汇率传递的实证研究［J］．金融研究，2009（5）．

[52] 王水林，黄海州．人民币汇率形成机制的改革及对相关政策的影响［J］．国际经济评论，2005（9-10）：15-18.

[53] 王铮等．从贸易转价理论看人民币汇率问题［J］．管理科学学报（第2卷），1999（3）.

[54] 王晓永等．人民币兑美元实际汇率对中国经济增长的影响：基于国际收支的中介效应［J］．世界经济研究，2020（9）：52-64+136.

[55] 魏巍贤．人民币升值的宏观经济影响评价［J］．经济研究，2006（4）：47-56.

[56] 伍戈，裴诚．境内外人民币汇率价格关系的定量研究［J］．金融研究，2012（9）：62-73.

[57] 吴志明，郭予锴．汇率制度改革前后人民币汇率传递效应研究——以2005年7月汇率制度改革为界［J］．经济评论，2010（2）．

[58] 吴周恒，杨静．人民币汇率制度改革背景下汇率传导的时变特征［J］．金融理论探索，2020（6）：3-12.

[59] 夏强，刘金山．基于MCMC算法的人民币汇率市场的分析——双门限非对称GARCH模型的应用［J］．数理统计与管理，2012（3）：419-442.

[60] 肖卫国，吴越，赵阳．汇率不完全传递背景下美国货币政策冲击

对中国产出影响研究［J］. 国际金融研究，2015（5）.

［61］谢赤，刘潭秋. 人民币实际汇率中的马尔可夫转换行为［J］. 统计研究，2003（9）：28－32.

［62］谢伏瞻. 朝着市场化方向前进 谢伏瞻谈人民币汇改的进程、成效和经验［J］. 财经界，2018（28）：56－59.

［63］杨丽莹. 基于人民币汇率变动的马歇尔—勒纳条件模型修正与运用［J］. 统计与决策，2019，35（3）：174－177.

［64］詹小颖. 人民币汇率、通货膨胀与新汇制的货币政策绩效——基于汇改前后两个时期数据的实证研究［J］. 国际贸易问题，2012（11）.

［65］赵树然，任培民，赵昕. 基于非参数 GARCH 模型的汇率波动性预测［J］. 统计与决策，2012（6）：148－151.

［66］赵天荣，李成. 人民币汇率与利率之间的动态关系——基于 VAR－GARCH 模型的实证研究［J］. 统计研究，2010（2）：72－76.

［67］赵彦志. 境外“热钱”、人民币汇率与物价水平［J］. 经济学动态，2011（4）.

［68］赵永亮. 人民币汇率变动对产出作用效应的实证研究［D］. 上海：复旦大学，2010.

［69］翟爱梅. 基于 GARCH 模型对人民币汇率波动的实证研究［J］. 技术经济与管理研究，2010（2）：20－23.

［70］张晗，何祚宇. 金砖五国与 G7 国家汇率波动对物价与产出的影响——基于面板数据格兰杰因果关系检验［J］. 统计与决策，2014（21）.

［71］张云，李秀珍，唐海燕. 人民币贬值和升值的贸易效应一致吗：基于 ARDL 误差校正方法的检验与比较［J］. 世界经济研究，2017（11）：52－64＋136.

［72］中国人民银行营业管理部课题组. 外部冲击与我国物价水平的决定——基于结构 VAR 模型的分析［J］. 财经研究，2009（8）.

[73] 钟伟，胡松明，代慧君．人民币是J曲线效应的经验分析［J］．世界经济，2001（1）．

[74] 周杰琦，汪同三．人民币实际汇率波动对我国贸易收支的影响——基于非对称协整的实证分析［J］．经济问题，2010（1）：4－8.

[75] 周天芸，凌芳．人民币汇率变动时对国内物价影响的实证研究［J］．海南金融，2007（11）．

[76] 周雅瑞，赵晓波．基于GJR－GARCH模型的港币汇率波动不对称研究［J］．湖南工业大学学报，2009（6）．

[77] 周晔，雷云芳．人民币汇率波动是否影响我国进出口贸易［J］．西安财经学院学报，2013（5）．

[78] 周晓波，陈璋．全球价值链、汇率变动与贸易竞争力［J］．上海经济研究，2020（6）：107－116.

[79] 朱林锋．简析汇率改革后人民币汇率升值对进出口贸易的影响［J］．中国市场，2013（22）．

[80] 朱新玲，黎鹏．人民币汇率波动风险的持续性研究［J］．统计与决策，2011（20）：115－117.

[81] Agenor, P. Richard. Output, devaluation and the real exchange rate in developing countries [J]. Review of World Economics, 1991, Vol. 127: 18－41.

[82] Ahmed, Shaghil, Barry Ickes, Ping Wang, and Byung Sam Yoo. International Business Cycles [J]. American Economic Review, 1993 (83): 335－359.

[83] Akhtar M. A. Effects of Interest Rates and Inflation on Aggregate Inventory Investment in the United States [J]. The American Economic Review, 1984: 319－328.

[84] Amit Ghosh, Ramkishen S. Rajan. How high is exchange rate pass－

through in India? Has it changed over time? [J]. Journal of International Trade & Economic Development. 2007, 16 (3): 373 –382.

[85] Amit Ghosh , Ramkishen S. Rajan . Exchange rate pass – through in Korea and Thailand: Trends and determinants [J]. Japan and the World Economy, 2009 (21): 55 –70.

[86] Ariccia G. D. Exchange Rate Fluctuations and Trade Flows Evidence from the European Union [M]. IMF Working Paper, 1998.

[87] Backus D. The Japanese Trade Balance: Recent History and Future Prospects [J]. Japan and the World Economy, 1998: 409 –420.

[88] Balassa, B. Exports and Eeonomic Growth: Further Evidenee [J]. Journal of Development Economics, 1978, 5 (2): 181 –218.

[89] Baldwin Richard, Krugman Paul. Persistent Trade Effects of Large Exchange Rate Shocks [J]. Quarterly Journal of Economics. 1989: 635 –654.

[90] Bahmani – Oskooee M, Sohrabian A. Stock Prices and the Effective Exchange Rate of the Dollar [J]. Applied Economics, 1992: 459 –464.

[91] Bahmani – Oskooee, M. Devaluation and J Curve: Some Evidence from LDCs Errata [J]. The Review of Economies and Statistics, 1989: 553 –554.

[92] Baldwin, R. E. , Hysteresis in Import Prices : The Beachhead Effect [J]. American Economic Review , 1989: 773 –785.

[93] Bergin, Paul R. Putting the "New Open Economy Macroeconomics" to a Test [J]. Journal of International Economics, 2003 (60): 3 –34.

[94] Bergin, Paul R. How Well Can the New Open Economy Macroeconomics Explain the Exchange Rate and the Current Account? [J]. Journal of International Money and Finance, forthcoming, 2004.

[95] Betts, C. , Devereux, M. The international monetary transmission

mechanism: a model of real exchange rate adjustment under pricing – to – market, mimeo. University of Southern California and University of British Columbia, 1997.

[96] Betts, C., Devereux, M. The international effects of monetary and fiscal policy in a two – country model, mimeo, University of Southern California and University of British Columbia, 1999.

[97] Bils, Mark, Peter Klenow. Some Evidence on the Importance of Sticky Prices [J]. Journal of Political Economy, 2004 (112): 947 – 985.

[98] Blanchard, O. Price asynchronization and price level inertia. In: Dornbusch, R., Simonsen, M. (Eds.), Inflation, Debt and Stabilization. MIT Press, Cambridge, MA, 1983: 3 – 25.

[99] Bollerslev T. Generalized Autoregressive Conditional Heteroscedasticity [J]. Journal of Econometrics, 1986 (31): 307 – 327.

[100] Booth G G, Kaen F R, Koveos P E. R/S analysis of foreign exchange rales under two international monetary regimes [J]. Journal of monetary economics, 1982, 10 (3): 407 – 415.

[101] Boyd Derick, Gugielmo Maria Caporale, Ron Smith. Real Exchange RateEffects on the Balance of Trade: Cointegration and the Marshall – Lemer Condition [J]. International Journal of Finance & Economics, 2001: 187 – 200.

[102] Burstein, A., B. Eichenbaum, S. Reblo. Why Is Inflation So Low After Large Devolution? [J]. NBER Working Paper, NO. 8748, 2002.

[103] Calvo, G. Staggered prices in a utility maximizing framework [J]. Journal of Monetary Economics 12, 1983: 983 – 998.

[104] Campa, J., L. Goldberg. ExehangeRatePass – through into ImPort Prices: A Maero or Micro Phenomenon? [Z]. NBER Working Paper, May 2002, 8934.

[105] Campa, J., Goldberg, L. S. Exchange Rate Pass – through into Im-

port Prices [J]. The Review of Economics and Statistics. November 2005, 87 (4): 679 -690.

[106] Caves Richard E. , Causes of Direct Investment: Foreign Firms' Shares in Canadian and United Kingdom Manufacturing Industries [J]. The Review of Economics and Statistics, Vol. 56, No. 3, 1974: 279 -293.

[107] Chari, V. V. , Kehoe P. , McGrattan, E. Can sticky price models generate volatile and persistent real exchange rates? . Federal Reserve Bank of Minneapolis Research Department Staff Report [223], 1998.

[108] Chenery, Strout. Foreign Aid and Economic Development [J]. American Economic Review, 1996.

[109] Chkili W, Nguyen D K. Exchange rate movements and stock market returns in a regime - switching environment: Evidence for BRICS countries [J]. Research in International Business and Finance, 2014 (31): 46 -56.

[110] CJ Dahlman, FV Fonseca. From Technological Dependence to Technological Development: The Case of the USIMINAS Steel Plant in Brazil, Palgrave Macmillan UK, 1987.

[111] Claessens, S. , M. A. Kose, M. E. Terrones. How do business and financial cycles interact? [J]. Journal of International Economics, 2012, 87 (1): 178 -190.

[112] Clark, Terry, Masaaki Kotabe, Dan Rajaratnam. Exehange Rate pass Through and Intemational Prieing strategy: Aconceptual Framework and Research ProPositions [J]. Journal of International Business Studies, 1999, 30 (2) .

[113] Coes, D. V. The Crawling Peg and Exchange Rate Uncertainty [J]. Exchange Rate Rules: The Theory, Performance and Prospects of the Crawling Peg, 1981: 113 -136.

[114] Corsetti, G. , Pesenti, P. , Welfare and macroeconomic interdepend-

ence. NBER Working Paper No. 6307, 1997.

[115] Corsetti, Gianearlo, Pesenti, Paolo. Self – Validating Optimum Curreney Areas [Z]. NBER Working Paper, February 2002, 8783.

[116] Cushman, D. O. The Effects of Real Exchange Rate Risk on International Trade [J]. Journal of International Economics, 1983: 45 – 63.

[117] Daniel, Macro, Rossi. Exchange Rate Pass – Through in Turkey [R]. IMF Working Paper, No. 02/204, 2002.

[118] Dilip Kumar. Long range dependence in the high frequency USD/INRexchange rate. Physica , 2014 (396): 134 – 148.

[119] Domowitz I, Hakkio, C. Conditional Variance and the Risk Premium in the Foreign Exchange Market [J]. Journal of International Economics, 1985, 19 (1 – 2): 47 – 66.

[120] Dornbusch, R. Exchange Rates and Prices [J]. American Economic Review, 1987 (77): 93 – 106.

[121] Edwards. Are Devaluations Contractionary [J]. Review of Economics and Statistics, 1986, Vol. 68: 501 – 508.

[122] Edwards, Sebastian. Money, the Rate of Devaluation and Interest Ratesina Semi – Open Economy [J]. Journal of Money, Credit and Banking 17, Feb, 1989, No1: 59 – 68.

[123] Erceg, Christopher, Luca Guerrieri, Christopher Gust. Expansionary Fiscal Shocks and the Trade Decit. International Finance Discussion Papers, 825, Board of Governors of the Federal Reserve System, 2005.

[124] Engel, C. , Accounting for real exchange rate changes. Journal of Political Economy, 1999 (107): 507 – 538.

[125] Engle, R. F. S. Kozicki. Testing for Common Features [J]. Journal of Business Economics and Statistics, 1993, 11 (4): 369 – 395.

[126] Engle R. F Boilerslev T. Modelling the persistence of conditional variances [J]. Econometric reviews, 1986, 5 (1): 1 –50.

[127] Engle R F. Lilien D M, Robins R P. Estimating time varying risk premia in the term structure: The ARCH – M model [J]. Econometrica; Journal of the Econometric Society, 1987: 391 –407.

[128] Feder G.. On Exports and Economic Growth [J]. Journal of Development Economics [M]. 1983, 12 (1–2): 59 –74.

[129] Friedman. M. The Case for Flexible Exchange Rates. Essays in Positive Ecoomics [M]. Chicago: University of Chicago Press, 1953.

[130] Froot, K. A. , Klemperer, P. D. Exchange rate pass – through when market share matters [J]. American Economic Review 1989, 79 (4): 637 –654.

[131] Gali, Jordi, Tommaso Monacelli. Monetary Policy and Exchange Rate Volatility in a Small Open Economy. Review of Economic Studies, forthcoming, 2005.

[132] Ghironi, Fabio. Towards an New Open Economy Macroeconometrics. Boston College Economics Department Working Paper, 2000: 469.

[133] Goldfajn Ilan , Werlang Sergio R. Da C. , The pass – through fromdepreciation to inflation: A panel study [R]. Banco Central de Brasil Working Paper No. 5, 2000.

[134] Gray, S. Modeling the Conditional Distribution of Interest Rates as a Regime – switching Process [J]. Journal of Financial Econometrics, 1996, 42 (1): 27 –62.

[135] Grossman, G. , Elhanan Helpman. Comparative Advantage and Long – run Growth [J]. The American Economic Review, 1990 (80): 796 –815.

[136] Hamilton, J. D. A new Approach to the Economic Analysis of Nonsta-

tionary Time Series and the Business Cycle [J]. Econometrica, 1989, 57 (2): 357 -384.

[137] Hamilton, J. D., Susmel, R. Autoregressive Conditional Heteroskedasticity and Changes in Regime [J]. Journal of Econometrics, 1994, 64 (1): 307 -333.

[138] Hau, H. Exchange rate determination: the role of factor price rigidities and nontradables [J]. Journal of International Economics, 2000 (50): 421 -448.

[139] Harvey A, Ruiz E, Shephard N. Multivariate stochastic variance models [J]. The Review of Economic Studies, 1994, 61 (2): 247 -264.

[140] Helleiner J. "Menace to the Social Order": Anti - Traveller Discourse in the Irish Parliament 1939—1959 [J]. Canadian Journal of Irish Studies, 1998, 24 (1): 75 -91.

[141] Hooper, P., Catherine L. Mann. Exchange Rate Pass - through in the 1980s: Ihe Case of U. S. Imports of Manufactures [J]. Brookirngs Papers on Economic Activity, 1989 (1): 297 -337.

[142] Hsieh D A. Modeling heteroscedasticity in daily foreign - exchange rates [J]. Journal of Business & Economic Statistics, 1989, 7 (3): 307 -317.

[143] Iacoviello, M. Financial business cycles. The Board of the Governors of the Federal Reserve, Working Paper, 2013.

[144] Jeanne, O. Generating real persistent effects of monetary shocks: how much nominal rigidity do we really need? [J]. European Economic Review, 1998 (46): 1009 -1032.

[145] Kamin Steve Rogers John H. Output and the Real Exchange Rate in Developing Countries An Application to Mexico [J]. Journal of Development Economics, 2000, 18 (3): 254 -260.

[146] Kandil M. , Mirzaie A. Exchange rate fluctuations and disaggregated economic activity in the US: theory and evidence [J]. Journal of International Money & Finance, 2002, 21 (1): 1 -31.

[147] Khim - Sen Liew, Kian - Ping Lim, Huzaimi Hussain. Exchange Rate and TradeBalance Relationship: The Experience of ASEAN Countries [J]. Inierimlional Trade, 2003, pp: 1 -11.

[148] Kim S, Shephard N. Chib S. Stochastic volatility: likelihood inference and comparison with ARCH models [J]. The Review of Economic Studies, 1998, 65 (3): 361 -393.

[149] Koizumi, T. , K. J. Kopeck. Foreign Dirtet Investment, Teehnology Transfer and Domestic Employment Effect [J]. Journal of International Economics, 1980 (2): 1 -20.

[150] Kollman, R. The exchange rate in a dynamic - optimizing current account model with nominal rigidities: a quantitative investigation. International Monetary Fund Working Paper 97/7, 1997.

[151] Kollmann, R. Globalbanks. financial shocks and international businesscycles: Evidence from anestimated model. CEPR Discussion, 2012: Papers8985.

[152] Krugman, Paul. Pricing to Market When the Exchange Rate Changes [Z]. NBER Working Paper, May 1986, No. 1926.

[153] Kydland Finn, Edward Prescott. Time to Build and Aggregate Fluctuations [J]. Econometrica, 1982 (50): 1345 -1370.

[154] Kydland Finn, Edward Prescott. The Computational Experiment: An Econometric Tool [J]. Journal of Economic Perspectives, 1996 (10): 69 -85.

[155] Laxton, Doug, Paolo Pesenti. Monetary Policy Rules for Small, Open, Emerging Economies [J]. Journal of Monetary Economics, 2003 (50):

1109 – 1146.

[156] Leeper, Eric, Christoper Sims. Toward a Modern Macroeconomic Model Usable for Policy Analysis. NBER Macroeconomics Annual, 1994 (9).

[157] Lubik, Thomas, Frank Schorfheide. Do Central Banks Respond to Exchange Rate Fluctuation A Structural Investigation. Manuscript. Department of Economics, University of Pennsylvania, 2003.

[158] McCarthy, J. Pass – through of Exchange Rates and Import Prices to Domestic Inflation in Some Industrialized Economics [J]. BIS Working Papers, 2000: 79.

[159] MeCombie, J. A. Thirlwall. The Dynamic Harrod Foreign Trade Multiplier and the Demand oriented Approach to Economic Growth: An Evaluation [J]. International Journal of Applied Economices, 1997 (11): 5 – 26.

[160] Meyer R, Yu J. BUGS for a Bayesian Analysis of Stochastic Volatility Models [J]. Econometrics Journal, 2000, 3 (2): 198 – 215.

[161] Meade, E. Exchange Rates Adjustment and the J Curve. Federal Reserve Bulletin, Oct. 1988: 633 – 644.

[162] Michele Ca' Zorzi, Elke Hahn, Marcelo Sánchez. Exchange rate pass through in emerging markets [Z]. Working Paper. March 2007, NO. 739.

[163] Monacelli, Tommaso. Monetary Policy in a Low Pass – Through Environment [J]. Journal of Money, Credit, and Banking, forthcoming, 2005.

[164] Morley, Samuel. On the effects of devaluation during stabilization programs inLDCs [J]. Review of economics and statistics , 1992, Vol 74: 78 – 95.

[165] Muniandy S V. Lim S C, Murugan R. Inhomogeneous scaling behaviors in Malaysian foreign currency exchange rates [J]. Physica A: Statistical Mechanics and its Applications, 2001, 301 (1): 407 – 428.

[166] Nelson DB. ARCH models as diffusion approximations [J]. Journal

of econometrics, 1990, 45 (1): 284 -301.

[167] Nkunde Mwase. An Empirical Investigation of the Exchange Rate pass - through to inflation in Tanzania [R]. IMF Working Paper, 2006.

[168] Obstfeld, M. , Rogoff, K. Exchange rate dynamics redux [J]. Journal of Political Economy, 1995a, (103): 624 -660.

[169] Olowe R A. Modelling naira/dollar exchange rate volatility; application of GARCH and asymmetric models [J]. International Review of Business Research Papers, 2009, 5 (3): 377 -398.

[170] Prescott, E. C. Theory ahead of businesscycle measurement [J]. Federal Reserve Bank of Minneapolis Quarterly Review, 1986 (10): 9 -22.

[171] Peridy, N. Exchange Rate Volatility, Sectoral Trade, and the Aggregation Bias [J]. Review of World Economics, 2003: 389 -418.

[172] Rodriguze, Diaz. Fluctuations Macroeconomic asen La Economia Peruana Working Paper. Barco Central de Reserve del Peni, 1995.

[173] Sammo Kang . Yunjong Wang. Fear of Inflation. Exchange Rate Pass - through in East Asia. KIEP Working Paper, 2003: 03 -06.

[174] Sargent. Thomas. Two Models of Measurements and the Investment Accelerator. Journal of Political Economy, 1989, 97 (2): 251 -287.

[175] Schmitt - Grohe, Stephanie. The international transmission of economic uctuations: E © ects of U. S. Business Cycles on the Canadian Economy [J]. Journal of International Economics, 1998 (44): 257 -287.

[176] Schorfheide, Frank. Loss Function - Based Evaluation of DSGE Models [J]. Journal of Applied Econometrics, 2000 (15): 645 -670.

[177] Senay, O. The effects of goods and financial market integration on macroeconomic volatility [J]. The Manchester School Supplement, 1998 (66): 39 -61.

[178] Sibert, Anne. Exchange Rates, Market Structure, Prices and Imports [J]. The Economic Record, 1992, 68 (202): 233 -239.

[179] Sims, Christopher. Solving Linear Rational Expectations Models [J]. Computational Economics, 2002 (20): 1 -20.

[180] Smets, Frank, Raf Wouters. An Estimated Stochastic Dynamic General Equilibrium Model for the Euro Area [J]. Journal of the European Economic Association, 2003, 1 (5): 1123 -1175.

[181] Sun, H., Parikh, A. Exports, Inward Foreign Direct Investment (FDI) and Regional Economic Growth in China [J]. Regional Studies, 2001, 35 (3): 187 -196.

[182] Sutherland, A. Financial market integration and macroeconomic volatility [J]. Scandinavian Journal of Economics, 1996 (98): 521 -539.

[183] Takatoshi Ito, Yuri N. Sasaki, Kiyotaka Sato. Pass - Through of Exchange Rate Changes and Macroeconomic Shocks to Domestic Inflation in East Asian Countries [R]. RIETI Discussion Paper Series, 2005 (5): 12 -20.

[184] Taylor, J. Aggregate dynamics and staggered contracts [J]. Journal of Political Economy, 1980 (88): 1 -23.

[185] Taylor, J. Low Inflation, Pass—Through, and Pricing Power of-Firms [J]. European Economic Review, 2000, 44 (7): 1389 -1408.

[186] Taylor S T. Modeling financial time sense [M]. Wiley. New York. NY, 1986.

[187] Toshitaka Sekine. Time - Varying Exchange Rate Pass - Through: Experience of Some Industrial Countries [Z]. BIS Working Paper, 2006 (3), No. 202.

[188] Walid Chkili, Chaker Aloui, Duc Khuong Nguyen. Asymmetric effects and long memory in dynamic volatility relationships between stock returns

and exchange rates Int. Fin. Markets, Inst. and Money, 2012, 22: 738 -757.

[189] Warnock, F. E. Idiosyncratic tastes in a two - country optimizing model: implications of a standard presumption. International Finance Discussion Paper No. 1998 -631, Federal Reserve Board, 1998.

[190] West K D, Cho D. The predictive ability of several models of exchange rate volatility [J]. Journal of Econometrics, 1995, 69 (2): 367 -391.

[191] Wilson Peter. Exchange Rates and the Trade Balance: Korea Experience 1970 to 1996 [J]. Seoul Journal of Economics, 2000: 135 -164.

[192] Yang, Yung. Y, Hwang, Min. Price Behavior in Korean Manufacturing [J]. Review of Economics & Statistics, 1994, 76 (3): 461 -470.

[193] Yushi Yoshida. A New Evidence for Exchange Rate Pass - through: Disaggregated Trade Data from Local Ports [Z]. Discussion Paper, December 2008, No. 31.

[194] Zulfiqar Hyder, SardarShah. Exehange Rate Pass—Through to Domestie Price in Pakistan. State Bank of Pakistan Working Papers, June 2004.

